直通

新日语能力测试精解！

主编◎任海丹 徐 坤 副主编◎吕琳琳 赵 跃

N3

模拟强化 读解

大连理工大学出版社

图书在版编目(CIP)数据

N3读解模拟强化 / 任海丹,徐坤主编. — 大连：
大连理工大学出版社,2012.8
　(直通新日语能力测试精解!)
ISBN 978-7-5611-7096-0

Ⅰ.①N…　Ⅱ.①任…②徐…　Ⅲ.①日语－阅读教学
－水平考试－习题集　Ⅳ.①H369.4－44

中国版本图书馆 CIP 数据核字(2012)第 154959 号

大连理工大学出版社出版
地址:大连市软件园路 80 号　邮政编码:116023
发行:0411-84708842　传真:0411-84701466　邮购:0411-84703636
E-mail:dutp@dutp.cn　URL:http://www.dutp.cn
大连美跃彩色印刷有限公司印刷　　大连理工大学出版社发行

幅面尺寸:185mm×260mm	印张:9	字数:205 千字
印数:1～5000		
2012 年 8 月第 1 版	2012 年 8 月第 1 次印刷	

责任编辑:宋锦绣　　　　　　　　责任校对:李小涵　周琳琳
封面设计:李 雷

ISBN 978-7-5611-7096-0　　　　　　　　　定　价:20.00 元

　　日语国际能力测试是由日本国际交流基金会与中国教育部海外考试中心共同举办的全世界范围内的能力测试。近年来，由于考生的范围不断扩大、考试目的多样化，对考试的要求和建议也日益增多。因此，自2010年7月起开始实施新的日语能力测试。改革后N3由原来的一年一次改为一年两次，考试时间分别在7月和12月的第一个星期日，考试时间由原来的上午改成下午，各考查项目的分数也做了较大的调整，具体如下：

原三级			N3		
考试项目	满分分数	时间	考试项目	满分分数	时间
文字词汇	100分	35分钟	语言知识（文字、词汇）	60分	30分钟
语法阅读	200分	70分钟	语言知识（语法）+阅读	60分	70分钟
听力	100分	30分钟	听力	60分	40分钟

　　调整后的N3考试设置了单项得分和综合得分的标准，其中一个单项未达到合格标准，总分再高也不能算作合格。因此，各部分的考试都非常重要。在考试限定的时间内完成答题，需要考生提前训练答题速度和技巧。本书在语言知识和阅读部分为考生提供了答题参考时间，便于日常训练。

项目		题型		问题数量	建议答题时间
语言知识	文字·词汇	问题1	汉字读音	8小题	4分钟
		问题2	标注汉字	6小题	3分钟
		问题3	文脉判断	11小题	6分钟
		问题4	近义词辨析	5小题	7分钟
		问题5	词语用法	5小题	8分钟
	语法	问题1	选择填空	13小题	10分钟
		问题2	排列组句	5小题	6分钟
		问题3	完形填空	5小题	8分钟
阅读		问题4	内容理解（短篇）	4小题	10分钟
		问题5	内容理解（中篇）	6小题	15分钟
		问题6	内容理解（长篇）	4小题	12分钟
		问题7	信息检索	2小题	6分钟

在时间安排上，语言知识的文字词汇部分答题共用28分钟，剩下2分钟为填涂答题卡时间；语言知识的语法和阅读部分答题时间为67分钟，剩下3分钟为填涂答题卡和通篇检查时间。

本书对每部分考试项目分题型进行讲解，每个题型包括：免费检测、魔鬼训练、模拟考场三个部分，最后还有两套模拟题供考生自测。

希望广大日语考生通过这本书的学习，能够以优异的成绩顺利通过考试。

编 者

2012年3月

目 录

本书导航

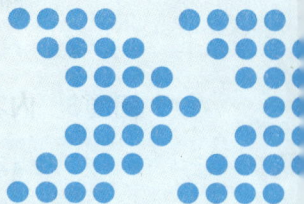

免费检测

想知道自己的水平吗？快来检测一下吧！是限时的哦！超级逼真！

魔鬼训练

海量题目，是真题数量的4倍哦！

模拟考场

真正模拟现场考试的环境，在规定的时间内答题哦！

精解专栏
每道题都有精解哦，
既点晴，又全面。

正搭

答案可不容易偷看哦！
需要倒过来看哦！可不能着急！

模擬テスト

配备2套模拟题，你不用再担心自己的综合实力啦！

精解专栏　模拟题中的每道题还有精解哦！

阅读部分
大揭秘

改革后的日语国际能力测试中，阅读题目共计4道大题，本书将分题目讲解。

	问　　题	问题数	问题内容
阅读共110分钟	问题4　内容理解（短篇）	4小题	能够阅读并理解150～200字左右的生活、工作等相关话题的说明文或指示文。
	问题5　内容理解（中篇）	6小题	能够阅读350字左右的解说、散文等文章，并能理解关键词、因果关系等。
	问题6　内容理解（长篇）	4小题	能够阅读解说、散文、信等500字左右的文章，理解文章大意和论点的展开。
	问题7　信息检索	2小题	新题型。考查能否从广告、宣传单、相关信息杂志、商务文档等素材（约600字）中，获取必要的信息的能力。

　　N3的阅读主要侧重于考查学生在一定程度上能够理解日常话题的内容，能够通过报纸掌握简单的信息概要，也就是说更实用、更融入日本生活。那么针对这一考试变化，我们平时在学习日语的过程中需要多积累一点基本词汇。但是最重要的是基本语法，因为日常生活场景下的文章中出现的单词我们大都熟悉，即使一时没有看到过或想不起来，也能通过前后文猜到。所以大家在复习时一定要加强助词的学习，以及表示因果、转折、并列、递进、禁止、许可、命令、受授关系等语法的掌握。

N3阅读大致有如下技巧：

1. **比对法**：可以通过将选项和原文进行比对，答案一般可以从原文中找到相同或相近的；
2. **排除法**：原文中没有提到的内容不选；
3. **锁喉法**：做信息搜索题时在表格中锁定范围以及※部分的内容很重要，不要忽略。

问题 4

内容理解(短篇)
——答题关键

- 问题4是短篇文章的阅读,每篇文章后面有一个问题,考查考生对短篇文章中心思想的把握。其中包括对于重点关键词语或句子的理解,或者是对全篇短文的意义把握。

- 该题型是改革后新增加的,之前的日语能力测试三级中并没有短篇文章阅读题,所以要求学生在短期内掌握短篇文章的答题技巧尤为重要。

- 短篇文章阅读题解题时要注意,先看问题后看文章,带着问题读文章,在考试的时候是最节省时间的方法。同时注意接续词的使用,特别是要搞清楚顺承和逆接的关系,会大大增加正确选项的判断机率。

免费检测

限时：10分钟

問題4　つぎの（1）から（4）の文章を読んで、質問に答えなさい。答えは1・2・3・4から最もよいものを一つ選びなさい。

（1）

拝啓

　わが社は、日本のアクセサリーやバッグ、くつなどを過去10年以上アジア各国に輸出しております。

　先日、さくら株式会社様のホームページ上にて新しいバッグのカタログを拝見しました。ぜひ輸出を検討したく思いますので、最新のバッグのカタログと価格表を今月中に送っていただけないでしょうか。

　よろしくお願いいたします。

24 この手紙の中の会社について、正しいのはどれか。
1　「さくら株式会社」は、各国から輸入したバッグを日本で10年以上売っている。
2　「さくら株式会社」は、バッグを輸出するかどうか検討し、今月中に返事をする。
3　「ABC株式会社」は、アジア各国の最新バッグをホームページで紹介する。
4　「ABC株式会社」は、「さくら株式会社」にバッグのカタログと価格表を頼んだ。

（2）

子どもたちの何かが変わってきた――。

　いまの子どもたちが一番変わったところは、自分を語れなくなったこと。少し前の子どもたちは、「どうして悪いことをしてしまったの」と問いかけると、「どうしてそうなっちゃったんだろう」と、それなりに一生懸命考えて答えを出してよこしたものだが、いま、そう問いかけても答えられなくなっている。おしゃべりはよくするのに、自分の心を言葉にするのは苦手で、自分を理解してもらおうという努力がないのである。これは、自分を語るという場が少なく、経験もないからに違いない。

25 少し前の子どもと比べて、いまの子どもが変わったところはどんな点か。
1　自分の気持ちを口に出すことができなくなったこと。
2　自分の心を言葉で言い表すことがじょうずになったこと。

3　自分を語る機会が増えて、おしゃべりをよくするようになったこと。

4　悪いことをした理由を聞かれた時、よく考えないと答えられなくなったこと。

(3)

　日本人は、水をめぐって古くから争ってきた。日本に比較的(ひかくてき)雨が多い国なので、水には不自由していないはずである。しかし、日本の川は流れが速くて利用が難しく、地下水が出るところも限られているため、水を得るには大変な苦労が必要であった。水がないために、米はもちろん、作物さえもほとんど作れない地方もあったのである。<u>この事情は、基本的(きほんてき)には現在も変わっていない</u>。大きな川がない市や町では、となりの市や町に、金を払って水道の水を分けてもらっている。そのため、住む場所によって、水道料金には大きな開きが見られる。

26　「<u>この事情は、基本的(きほんてき)には現在も変わっていない</u>」とあるが、この事情とはどのようなことか。

1　水を得るためにしばしば争いが起きるということ。

2　日本は雨が多い国なので水が豊かであるということ。

3　水を手に入れるのは簡単なことではないということ。

4　水が不足していて米や作物を作れないということ。

(4)

　テレビの名司会者はインタビューによって相手のゲスト(注1)からいろいろおもしろい話を引き出すことができるので感心するのですが、素人が司会をしてもこうはうまくいかないでしょう。型どおりの挨拶くらいはできるとしても、内容のある深い話を聞き出してゲストの持ち味(注2)をうまく生かすことは大変難しいことです。それには司会者としての特殊なタレント性(注3)が必要なようです。

（池田央『テストの科学』日本文化化学社による）

(注1)　ゲスト：ここでは「番組に招待された人」の意味。

(注2)　持ち味：その人の持っている独特のよさ。

(注3)　タレント性：才能。

27　名司会者とはどのような人か。

1　いろいろなおもしろい話ができる人。

2　ゲストのよいところを引き出せる人。

3　ゲストが楽しむ話を引き出せる人。

4　深くて内容のある挨拶ができる人。

正解：4　1　3　2

精解专栏
独家发布

问题4–免费检测

24 正确答案是4。

「ABC株式会社」は、「さくら株式会社」にバッグのカタログと価格表を頼んだ。（"ABC股份有限公司"向"樱花股份有限公司"需要手提包的商品目录和价格表。）

该题目属于文章主题类问题。文章中的关键句是：「ぜひ輸出を検討したく思いますので、最新のバッグのカタログと価格表を今月中に送っていただけないでしょうか。」（想出口，所以请在本月内寄过来最新款包的商品目录和价格表。）要将本题解答正确，首先要明确两件事情。第一，信是"ABC股份有限公司"写给"樱花股份有限公司"的，"ABC股份有限公司"是做进出口业务的，而"樱花股份有限公司"可能是制作手提包的公司；第二，要分清是「輸出」，而不是「輸入」。在选项中：1的第一个错误是做进出口业务的是"ABC股份有限公司"，而不是"樱花股份有限公司"，第二个错误是"出口手提包"而不是"进口"；2文中没有提到"本月内有答复"；3错误在于在主页上介绍手提包的是"樱花股份有限公司"，而不是"ABC股份有限公司"。

其他选项分别是
1 「さくら株式会社」は、各国から輸入したバッグを日本で10年以上売っている。／"樱花股份有限公司"从各国进口手提包在日本销售，已有10年以上了。
2 「さくら株式会社」は、バッグを輸出するかどうか検討し、今月中に返事をする。／"樱花股份有限公司"要讨论是否出口手提包，本月内会有答复。
3 「ABC株式会社」は、アジア各国の最新バッグをホームページで紹介する。／"ABC股份有限公司"在主页上介绍亚洲各国的最新手提包。

25 正确答案是1。

自分の気持ちを口に出すことができなくなったこと。（不能说出自己的想法。）

该题目属于询问文章主题类问题。文章中的关键句是：「いまの子どもたちが一番変わったところは、自分を語れなくなったこと。」说明作者的观点是现在的孩子们最大的

变化之处是不会表达自己，也就是不能说出自己的想法，由此可以推断出正确答案。在选项中：2正好和作者观点相反；3观点也和作者观点相反，并且文章中没有说最近的孩子表达自己想法的机会增多；4与文章内容无关，文中没有提到做错事时被问的情况。

其他选项分别是

2　自分の心を言葉で言い表すことがじょうずになったこと。/变得擅长用语言表述自己的心情。

3　自分を語る機会が増えて、おしゃべりをよくするようになったこと。/表达自己的机会增多，变得善于聊天。

4　悪いことをした理由を聞かれた時、よく考えないと答えられなくなったこと。/被问做坏事的理由时，不能回答没有好好考虑。

26　正确答案是3。

水を手に入れるのは簡単なことではないということ。（水是不能轻易弄到手的。）

该题目属于关键句子解释类型的问题。文章中的关键句是：「しかし、日本の川は流れが速くて利用が難しく、地下水が出るところも限られているため、水を得るには大変な苦労が必要であった。」（但是，日本的河流流速快，难利用，有地下水的地方也有限，所以得到水是需要付出很大辛苦的。）关键句子说明了获得水是比较艰难的，并阐述了其原因，因此可以推断出正确答案。在选项中：1说的事实没有错，但不是到现在为止都没有改变过的事实，只是古时候发生的事情；2说日本是降雨丰富国家没有错误，但并不是水资源丰富的国家，所以是错误的选项；4说日本水资源不丰富，不能种庄稼不是在全国的范围内，只是个别地区。

其他选项分别是

1　水を得るためにしばしば争いが起きるということ。/为了获得水而频繁地起争端。

2　日本は雨が多い国なので水が豊かであるということ。/因为日本是多雨的国家，所以水资源很丰富。

4　水が不足していて米や作物を作れないということ。/因为水源不足，不能种植水稻和庄稼。

27　正确答案是2。

ゲストのよいところを引き出せる人。（能很好地引导嘉宾的人。）

该题目属于关键词解释的问题。文章中的关键句是：「型どおりの挨拶くらいはできるとしても、内容のある深い話を聞き出してゲストの持ち味をうまく生かすことは大変

難しいことです。」（即使能进行固定模式的寒暄，也很难提出深层意义的问题并激发嘉宾的兴趣。）问题中关于好主持人的理解，根据关键句中的说明可以推断出正确答案。在选项中：1和3只是陈列了表象论据，没有涉及到本质的论点，所以这两个选项均不正确；4在文章中并没有提及。

其他选项分别是

1 いろいろなおもしろい話ができる人。/能讲各种有趣的故事的人。

3 ゲストが楽しむ話を引き出せる人。/能引导嘉宾说有意思的话的人。

4 深くて内容のある挨拶ができる人。/能够发表内涵深刻的致辞的人。

魔鬼训练

（一）

　　昔、テレビで対談 (注1) をやったとき、「テレビが盛んになって、子どもが勉強しなくなったと親から非難 (注2) されるが、社長はどう思うか」と聞かれたことがある。それで私は「子どもの教育は学校だけのものではない。テレビはいろいろな社会情勢 (注3) を知らせ、みんなの考え方を多面的に知るにはなかなか大きな役割を果たしている (注4)。勉強というものを、そう小さいな枠にはめて (注5) 考えないでほしい」と答えておいた。子どもの個性や能力といったのもは、日常生活の中に生き生きと表われている。

　　　　（PHP研究所『本田宗一郎　「一日一話」－"独創"に賭ける男の哲学』による）

　（注1）対談：二人の人がある決まったテーマについて話し合うこと。

　（注2）非難：欠点などを取り上げて、悪く言うこと。

　（注3）社会情勢：変化していく社会のようす。

　（注4）役割を果たす：働きをする。

　（注5）枠にはめる：ある一定の範囲に限る。

1　本文の内容に合っているものはどれか。
　　1　子どもの教育は、テレビという小さいな枠にはめて考えるべきではない。
　　2　テレビからの情報は重要なので、学校でも積極的に取り入れるべきである。
　　3　子どもの勉強は学校だけのものではなく、あらゆる経験が勉強である。
　　4　子どもの個性や能力は日常生活で伸びるので、学校での教育は必要ではない。

（二）

　　先日、手術をなさったとのことですが、その後お加減はいかがでしょうか。こちらはみんな変わりなくやっています。

　　上の娘が修学旅行 (注1) で京都に行ってきました。あちらは今、ちょうど紅葉真っ盛りのようで、嵐山 (注2) が美しかったそうです。

　　覚えていますか。私たちも高校生の修学旅行で、京都に行きましたね。嵯峨野 (注2) で食べたお豆腐がおいしかった。懐かしいですね。また、あなたが元気になったらまいりましょう。

　　娘が京都で買ってきた、絵葉書を同封します (注3)。

　　それではまた、お大事に。

　　　　　　　　　　　　　　　（市田ひろみ『心を伝える手紙の書き方』による）

（注1）修学旅行：研究・見学のため教師が生徒を連れて行く旅行。

（注2）嵐山、嵯峨野：京都の中の地名。

（注3）同封する：封筒のなかに一緒に入れる。

---

2 手紙を書いた人の説明として正しいものはどれか。

1 友人が病気で、その病気が治ったら一緒に京都へ行きたいと思っている。

2 京都にいる友人に、嵯峨野へ旅行に行く計画の相談をしたいと思っている。

3 最近手術をしたが、治ったら嵯峨野へ行って、豆腐をたべたいと思っている。

4 紅葉の美しい嵐山の絵ハガキを高校生の娘に買ってきてほしいと思っている。

（三）

私は、病気は、人間にとって偶然おちかかってくる (注1) 事故のようなものだと思っている。それを、どのように受け止める (注2) かは、一人一人の人間のすることで、病気が逆に、ある人間にとっては、時がたつうちに、しあわせな事件であったということにもなるのだ。

（なだいなだ「お医者さん」『定義集』による）

（注1）おちかかってくる：ここでは「（よくないことが）おこる」の意味。

（注2）受け止める：ここでは「考える」の意味。

---

3 者が病気について言っていることと合っているものはどれか。

1 かならず後でしあわせにつながるもの。

2 交通事故のように突然おこる不幸なもの。

3 一人一人の人間がいつも考えているべきもの。

4 考え方によってはしあわせになる可能性もあるもの。

（四）

最近、人の声を認識したり、書かれた文字を読み取ったりするプログラムが、あちこちで使われるようになってきている。そして、たとえば「このプログラムはどの人の声でも認識する (注1) ことができます」という説明がしばしばなされる。しかし、それを文字どおりに信用したりしてはならないだろう。「どの人の声でも」といったとき、男子の大人の声ならほとんど聞き分けられるということを意味していることが多く、女子の声や老人のしわがれた声 (注2)、子どもの声（中略）についてはうまく認識できないという場合がある。

（長尾真『「わかる」とは何か』による）

（注1）認識する：物事を理解し、区別したり判断したりする。

（注2）しわがれた声：のどをいためた時に出るようなはっきりしない声。

4 「それを文字どおりに信用したりしてはならないだろう」というのはどうしてか。

1　老人の声しか認識できない場合があるから。
2　女性の声しか認識できない場合があるから。
3　男性の声しか認識できない場合があるから。
4　子どもの声しか認識できない場合があるから。

（五）

　本を読む習慣のない大学生が、つまり、読書の本当の喜びを知らない人が、本など読まなくてもいいのではないかと言うのは、たしかに腹が立つ (注1) が、理解できないわけではない。好きも嫌いも、当の (注2) 読書をそれほどやっていないわけだから、読書の必要性がよくわからないのも、ある意味無理はない (注3) 。

（齋藤孝『読書力』による）

（注1）腹が立つ：怒りたくなる。
（注2）当の〜：まさにその〜。
（注3）無理はない：しかたがない。

5 「無理はない」とあるが、ここで筆者は何が無理はないと考えているのか。

1　本を読まない大学生でも、読書の必要性をよく理解していること。
2　あまり本を読まない人が、本など読まなくてもいいと考えること。
3　最近の大学生は本を読む習慣がないのでその喜びを知らないこと。
4　あまり本を読まない大学生が増えたことに腹が立つこと。

（六）

　演劇でも書物でも、文化や芸術には、知らない世界に自分の身を置き換え、身近な (注1) ものにするという力がある。それは「人の身になって考えてみる」という想像力が培われる (注2) ことでもあると思う。
　この想像力により、様々な差異 (注3) を超え、世界の人々が同じ「人間」として、幸せに生きてほしいという願いが自然にわいてくる。実はこういう文化の力こそが平和につながる大きな力なのかもしれない。

（2002年11月3日付「読売新聞」による）

（注1）身近な：自分に関係が深い。
（注2）培う：育てる。
（注3）差異：違い。

6 「こういう文化の力」というのは、どのような力か。

1 世界の人々が平和に生きてほしいと願う力。

2 いろいろな文化の違いを比較し、理解する力。

3 外国の文化や芸術を見て、わからないところを考える力。

4 演劇や書物を通して、自分とは異なる世界を想像する力。

（七）

　初めてお便りいたします。私は、先日落とした運転免許証 (注1) を送っていただいた野川です。ご親切に郵便にてお送りくださり、本当にありがとうございました。実は、落として3日ほどだった昨日の朝、免許証がないことに気がついて、あわてて交番に届けようとしていたところ、中山様からお手紙と一緒に免許証を受け取りました。うかがって、お礼を申し上げなければならないところですが、お手紙にて失礼させていただきます。

　なお、わずかですが、お礼として図書券 (注2) を同封いたします (注3)。お好きな本でも買っていただければ幸いです。

（注1）〜証：証明する書類やカード。

（注2）図書券：図書を買うための券。

（注3）同封する：手紙の中にいっしょに入れる。

7 これは何についてのお礼の手紙か。

1 図書券を買って送ってくれたこと。

2 好きな本を買って、送ってくれたこと。

3 運転免許証を交番に届けてくれたこと。

4 拾った運転免許証を送ってくれたこと。

（八）

　我が家では「バカ」という言葉を使ってはいけないという禁止令を出しました。何気なく (注1) 口に出していた言葉、ついつい (注2) 使ってしまいます。ある時「バ」まで言ってから気がついて、子供はその後「……ビブベボ」。私は「バ……バン、バン、バン」と続けてごまかしました (注3)。怒っていた気持ちが笑いに変わりました。

（1999年2月14日付『毎日新聞』の投書による）

（注1）何気なく：なんとなく。

（注2）ついつい：うっかり。

（注3）ごまかす：失敗を別のことで目立たなくする。

8 「『バ』まで言ってから気がついて」とあるが、どんなことに気がついたのか。

　　1　「バビブベボ」と「バカ」は同じ意味になること。

　　2　「バカ」という言葉を言ってはいけなかったこと。

　　3　筆者が「バカ」という言葉をよく使ってしまうこと。

　　4　「バン、バン、バン」と言えばみなが楽しくなること。

（九）

　初対面の人 (注1) を目の前にした時は、どんな人でも緊張感を持って接するでしょう。相手が不快にならない言葉を丁寧に選んでいるはずです。ところが、2回、3回と顔を合わせるうち、次第に慣れが生じます。その時が、人づきあいがスムーズになる (注2) かどうかの分岐点 (注3) ではないかと思うのです。親しくなりつつあるからこそ距離をおき、もう一度相手をよく見つめてみること、そして、相手の個性を理解した上での接し方を工夫していくことが大切なのではないでしょうか。

（斎藤茂太「究極の言葉は『ありがとう』『PHP』平成14年1月1号」による）

（注1）初対面の人：初めて会う人。

（注2）スムーズになる：順調に進むようになる。

（注3）分岐点：ものごとの分かれるところ。

9 筆者は人づきあいにおいて、どんな時に注意することが必要だと言っているか。

　　1　初対面の時。　　　　　　　　2　緊張した時。

　　3　慣れてきた時。　　　　　　　4　距離をおいた時。

（十）

　「急がば回れ」という諺がある。急いでいるのなら回り道をしたほうがいいという意味であるが、急いでいる時に遠い回り道を選ぶ人はいないだろう。多少の危険があっても近道をしてしまうのが普通ではないか。つまり、これは実際に回り道をしろと言っているのではなく、あわてて事故を起こしたりしないように、それだけの余裕を持てということなのだ。

10 筆者によると、「急がば回れ」は急いでいる時にどのようにした方がよいということか。

　　1　危険があっても近道をした方がいい。

　　2　危険があっても遠い道を選んだ方がいい。

　　3　事故を起こさないように遠い道を選んだ方がいい。

　　4　事故を起こさないように十分余裕を持った方がいい。

（十一）

　私は、思いきった<u>差別教育</u>をしようと考えている。勉強する子はほめてあげよう。怠ける子は叱ろう。よい事をしたらほめよう。悪い事をしたら叱ろう。煙できれば、一人一人の子を、よく観察して、なるべくたくさん良い所をみつけ出してほめてあげよう。ほめるときは、なるべくたくさんの人の前で、はっきりほめて、多くの人にも祝福して_(注)もらおう。叱る場合は人の知らないところで、静かに叱られる理由がよくわかって反省してもらえるように叱ろう。

（中島司有「書のこころ」による）

（注）祝福する：幸せを祈ったり、祝ったりすること。

|11| 言う「<u>差別教育</u>」とは何か。

1　怠ける子や悪いことをした子はみんなの前ではっきり叱り、勉強する子やいいことをした子は静かにほめること。

2　勉強する子やいいことをした子はみんなの前でほめ、怠ける子や悪いことをした子は理由がわかるように叱ること。

3　勉強する子やいいことをした子と怠ける子や悪いことをした子とは違うグループにして、たくさんの人に知らせること。

4　勉強する子やいいことをした子と怠ける子や悪いことをした子とを混ぜてグループを作り、できるだけ悪いことをしないように指導すること。

（十二）

　以前、年の暮れにデパートで販売の仕事をしていたとき、一人のおじいさんが売り場にやって来た。私が注文を聞いて商品を包装しているとき、そのおじいさんは私の胸の名札_(注)を見て、「私の名字もあなたと同じララなんですよ」と言った。

　「そうなんですか」

　自分と同じ名字だと言われて親しみがわいた。しかし仕事中だったので、おじいさんには悪いと思いながらも、それだけ答えて包装を続けた。

　「お待たせしました。」

　私は商品をおじいさんに渡した。

　「ありがとう。来年がララさんにとっていい1年でありますように」

　同じ名字であるだけで、これだけ温かい言葉がもらえるとは思わなかった。

（注）名札：名前が書いてあるカード。

[12] 筆者の気持ちとして最も適当なものはどれか。

1　「そうなんですか」と答えたとき、話好きなおじいさんが客として来て面倒だと思った。

2　注文を聞いているときに、おじいさんから同じ名字だと言われて不愉快になった。

3　商品を渡したとき、おじいさんから優しい言葉をもらったことが意外だった。

4　商品を包装しているときに、おじいさんが話している内容が新鮮だった。

(十三)

　「今週末は快晴に恵まれそうです」。こんな天気予報を聞いて、いつからいつまでを「週末」だとイメージするか。答えは土曜、日曜という人が5割。「常識的」と感じるかもしれないが、残りの5割はそう考えていないと思うと、ちょっと驚く。

　これはNHKの放送文化研究所が定期的に実施している言葉遣いに関する全国調査の一部。昨年11月のアンケート (注1) で20歳以上の男女約1400人が回答した。「週末」については20代で四人に一人が、金曜の夜から日曜の夜までと比較的長くとらえている (注2)。週休二日制が当たり前、という生活スタイルが身についているせいだろう。

　一方、60代以上になると週末は土曜だけと考える人が19%。日曜は「末」ではなく、あくまで一週間のははじまりの日ということだ。単純な言葉一つとっても「常識」にはずいぶんと幅がある。

（「女性かわらばん」2000年2月14日付日本経済新聞による）

（注1）アンケート：おおぜいの人に同じ質問をする調査。

（注2）とらえる：考える。

[13] 「週末」に関するアンケートで、調査結果と合っているものはどれか。

1　20代の人の半数が週末を金曜、土曜、日曜の三日間だと考えている。

2　20代の人の約25%が週末を土曜、日曜の二日間だと考えている。

3　60代以上の人のほとんどが週末を日曜だけだと考えている。

4　60代以上の人の19%が週末を土曜だけだと考えている。

(十四)

　あるもの（こと）を、ことばで表現するというのは、ところどころ穴の開いたバケツで水をすくおう (注1) とするのに似ています。自分では一生懸命に水をすくっているのに、知らない間に、いくらかの水は、穴からこぼれ落ちてしまっているのです。つまり、ことばで表現すると、そのもののすべてをことばで言い表そうとしているにもかかわらず、必ず、言い表そうとしていることの一部が、口にされたことばからこぼれ落ち

てしまう、ということです。私たちは、このことをしっかり胸にとどめて (注2) おかなくてはなりません。

（斉藤美津子「話しことばのひみつ」による）

（注1）バケツで水をすくう：バケツで水をくむ。

（注2）胸にとどめる：忘れないようにする。

14 この文章の内容と合うものはどれか。

1 言いたいことすべてをことばで表現するのは困難であるということを忘れてはならない。

2 ことばで言いたいことを表現するのは難しいが、一生懸命練習すればできるようになる。

3 言いたいことを十分に伝えるには、ことばを使ってすべてを表現しなければならない。

4 いくら表現しようとしてもこぼれ落ちてしまうことは、最初から言う必要はない。

（十五）

京都大学霊長類 (注1) 研究所には「アイ」という有名なチンパンジー (注2) が飼われています。

所ではチンパンジーに言葉を覚えさせる研究をしているのですが、このアイはすでに約100の言葉を覚えていて、1けたの数字なら5つまで同時に記憶できるそうです。最近、アイには赤ちゃんが生まれ、「アユム」という名前がつけられました。アイが覚えた言葉や知識をアユムにどう伝えるかなど、研究もさらに広がりそうで楽しみです。

（注1）霊長類：人類やサル類。

（注2）チンパンジー：サル類の中で最も知能が高いサル。

15 この文章の内容と合っているものはどれか。

1 アイは100の言葉を同時に記憶することができる。

2 アイの覚えた言葉はアユムも覚えることができる。

3 アイは数字の3と4を同時に記憶することができる。

4 アイはアユムが言葉を覚えるのを楽しみにしている。

（十六）

私たちは、食べるためばかりでなく、便利で快適な生活を送るため、知らず知らずのうちに多くの生き物の命を奪っています。しかしこのことは、日常生活のなかで実感と

してもつことはすくないでしょう。人が生き物の命の尊さ (注1) をわかるには、逆説的になる (注2) かもしれませんが、生き物の命をあやめている (注3) という「実感」をもたなければならないでしょう。そうした過程を経なければ (注4) 、いのちの尊さなどということはわからないのではないでしょうか。

（松浦秀俊『川に親しむ』による）

(注1) 尊さ：大切さ。
(注2) 逆説的になる：矛盾しているように見える。
(注3) あやめる：殺す。
(注4) 経る：通る。

16 「そうした過程」とはどのようなことか。
1 生き物とともに、便利で快適な生活を送る経験をすること。
2 実際に生き物を殺しているということを心から強く感じること。
3 食べるためには、多くの生き物を殺すことは当然だと考えること。
4 多くの生き物の命を奪っていることに気づかないまま生活すること。

精 解 专 栏
独家发布

问题4-魔鬼训练

1　正确答案是3。

子どもの勉強は学校だけのものではなく、あらゆる経験が勉強である。（孩子的学习不只在学校，各种各样的经验也是一种学习。）

该题目属于判断正误的问题。文章中的关键句是：「子どもの教育は学校だけのものではない。テレビはいろいろな社会情勢を知らせ、みんなの考え方を多面的に知るにはなかなか大きな役割を果たしている。」可见作者的观点是：孩子的教育不仅仅在学校，通过电视也可以了解社会信息，对于孩子多方面了解社会起到了很大的作用，由此可以推断出正确答案。在选项中：1文中小范围不是指电视，而是指学校；2文中没有提及要求学校引进电视；4文中虽然说孩子的个性和能力在日常生活中得到提高，可没有说学校教育不重要。

其他选项分别是
1　子どもの教育は、テレビという小さいな枠にはめて考えるべきではない。/不应该把孩子的教育拘泥于电视这个小范围内。
2　テレビからの情報は重要なので、学校でも積極的に取り入れるべきである。/因为电视信息很重要，所以学校也应该积极引进。
4　子どもの個性や能力は日常生活で伸びるので、学校での教育は必要ではない。/因为孩子的个性和能力在日常生活中可以得到提高，所以学校教育没有必要。

2　正确答案是1。

友人が病気で、その病気が治ったら一緒に京都へ行きたいと思っている。（因为朋友生病了，朋友病好之后想一起去京都。）

该题目属于总结性的问题。文章中的关键句是：「また、あなたが元気になったらまいりましょう。」根据关键句的说明，能够明确二人是要共同去一个地方，根据上下文，可以明确这个地方是京都，由此可以推断出正确答案。在选项中：2朋友不在京都，因此此句错误；3做手术的不是作者而是他的朋友；4不是和女儿要明信片，而是把女儿带回来的明信片给了朋友。

其他选项分别是 2　京都にいる友人に、嵯峨野へ旅行に行く計画の相談をしたい
　　　　と思っている。/想要和在京都的朋友商量去嵯峨野的旅行计
　　　　划。
3　最近手術をしたが、治ったら嵯峨野へ行って、豆腐をたべた
　　　　いと思っている。/因为最近做了手术，等病好之后去嵯峨野吃
　　　　豆腐。
4　紅葉の美しい嵐山の絵ハガキを高校生の娘に買ってきてほし
　　　　いと思っている。/想让高中生的女儿买有美丽枫叶的岚山明信
　　　　片。

<u>3</u>　正确答案是4。

考え方によってはしあわせになる可能性もあるもの。（依据想法的不同，也有可能获得幸福。）

该题目属于总结性的问题。文章中的关键句是：「時がたつうちに、しあわせな事件であったということにもなるのだ。」根据关键句中作者的意见可以直接推断出正确答案。在选项中：1过于绝对，作者并没有说一定可以出现这样的结果，只是一种可能性；2主要说明的是疾病的问题，并没有提及交通意外的时候需要如何处理；3是错误的理解，在文章中没有提及。

其他选项分别是 1　かならず後でしあわせにつながるもの。/之后一定会变得幸
　　　　福。
2　交通事故のように突然おこる不幸なもの。/像交通事故那样的
　　　　飞来横祸。
3　一人一人の人間がいつも考えているべきもの。/是每个人必须
　　　　考虑的问题。

<u>4</u>　正确答案是3。

男性の声しか認識できない場合があるから。（因为有时候只能识别男生的声音。）

该题目属于句子解释的问题。文章中的关键句是：「『どの人の声でも』といったとき、男子の大人の声ならほとんど聞き分けられるということを意味していることが多く、女子の声や老人のしわがれた声、子どもの声（中略）についてはうまく認識できないという場合がある。」问题是问现象产生的原因，关键句中说明了除了男子的声音之外剩下的均有不能很好地识别的情况，由此可以推断出正确答案。在选项中：1、2、4均有不能识别的情况。

其他选项分别是　1　老人の声しか認識できない場合があるから。/因为有时候只能识别老人的声音。

　　　　　　　　　2　女性の声しか認識できない場合があるから。/因为有时候只能识别女生的声音。

　　　　　　　　　4　子どもの声しか認識できない場合があるから。/因为有时候只能识别孩子的声音。

5　正确答案是2。

あまり本を読まない人が、本など読まなくてもいいと考えること。（不太读书的人，觉得不用读书也可以。）

　　该题目属于关键词理解的问题。文章中的关键句是：「本など読まなくてもいいのではないかと言うのは、たしかに腹が立つが、理解できないわけではない。」问题是作者觉得什么是不需要勉强的，根据关键句可以看出作者的观点是虽然对他们不想读书觉得生气，但是也不是不能理解，由此可以推断出正确答案。在选项中：1前半句的主语错误；3是颠倒了因果关系的句子；4是根据关键句当中的一部分断章取义，意思不完整。

其他选项分别是　1　本を読まない大学生でも、読書の必要性をよく理解していること。/就算是不读书的大学生，也要了解读书的重要性。

　　　　　　　　　3　最近の大学生は本を読む習慣がないのでその喜びを知らないこと。/因为现在的大学生没有读书的习惯所以不知道读书的乐趣。

　　　　　　　　　4　あまり本を読まない大学生が増えたことに腹が立つこと。/因为不怎么读书的大学生变多了而生气。

6　正确答案是4。

演劇や書物を通して、自分とは異なる世界を想像する力。（通过戏剧和书籍能够想像出与自己生存环境截然不同的世界的能力。）

　　该题目属于关键词理解的问题。文章中的关键句是：「それは『人の身になって考えてみる』という想像力が培われることでもあると思う。」根据关键句推断出其中的「それ」指代「演劇や書物」，由此可以推断出正确答案。在选项中：1是想像力带来的结果而不是解释；2仅仅是比较理解能力，只是其中的一个方面；3仅仅是对文章开头一句话的一个片面的理解。

其他选项分别是　　1　世界の人々が平和に生きてほしいと願う力。/让世界上的人能够在和环境下生存的力量。

　　　　　　　　　2　いろいろな文化の違いを比較し、理解する力。/比较并理解各种文化差异的能力。

　　　　　　　　　3　外国の文化や芸術を見て、わからないところを考える力。/通过欣赏外国文化和艺术品等，思考不懂事物的能力。

7　正确答案是4。

拾った運転免許証を送ってくれたこと。（把拾到的驾照送回来了。）

该题目属于总结性的问题。文章中的关键句是：「先日落とした運転免許証を送っていただいた野川です。」说明了写信人是之前失物的主人，由此可以推断出正确答案。在选项中：1图书券是写信人给收信人的礼物；2与文中意思不符，文中希望收信人用图书券买喜欢的书；3逻辑错误，关键句已经明确说明了没经过警察局。

其他选项分别是　　1　図書券を買って送ってくれたこと。/买图书券送给我。

　　　　　　　　　2　好きな本を買って、送ってくれたこと。/买喜欢的书送给我。

　　　　　　　　　3　運転免許証を交番に届けてくれたこと。/把驾照交给派出所。

8　正确答案是2。

「バカ」という言葉を言ってはいけなかったこと。（笔者意识到不能说「バカ」。）

该题目属于画线关键句理解的问题。文章中的关键句是：「我が家では『バカ』という言葉を使ってはいけないという禁止令を出しました。」说明在笔者家里有个规定，不可以说傻瓜，所以在作者不经意间说出的时候，要马上转换成别的话，由此可以推断出正确答案。在选项中：1弄错了作者用于掩饰的词汇；3文章并没有表明笔者总说傻瓜这个词；4不是说完掩饰的词汇大家就变得开心，而是心照不宣。

其他选项分别是　　1　「バビブベボ」と「バカ」は同じ意味になること。/「バビブベボ」和「バカ」是同一个意思。

　　　　　　　　　3　筆者が「バカ」という言葉をよく使ってしまうこと。/笔者经常说「バカ」。

　　　　　　　　　4　「バン、バン、バン」と言えばみなが楽しくなること。/一说「バン、バン、バン」大家就都高兴了。

9　正确答案是3。

慣れてきた時。（熟悉起来的时候。）

该题目属于总结性的问题。文章中的关键句是：「親しくなりつつあるからこそ距離をおき、もう一度相手をよく見つめてみること、そして、相手の個性を理解した上での接し方を工夫していくことが大切なのではないでしょうか。」问题询问什么时候需要注意，根据关键句得知变得亲近了之后要重视相互的理解，多花心思在相处的方式上，由此可以推断出正确答案是3。在选项中：1这个时候每个人都很紧张，行动是很谨慎的，所以不需要特别注意；2文章中没有描述；4文章中只出现过一次距离，但是和内容基本不相关，所以该选项也不正确。

其他选项分别是
1　初対面の時。/初次见面的时候。
2　緊張した時。/紧张的时候。
4　距離をおいた時。/有距离感的时候。

10　正确答案是4。

事故を起こさないように十分余裕を持った方がいい。（为了不发生事故还是留出充足的时间为好。）

该题目属于关键词理解的问题。文章中的关键句是：「あわてて事故を起こしたりしないように、それだけの余裕を持てということなのだ。」根据关键句中作者的意见可以直接推断出正确答案。在选项中：1和2都是就谚语的表面意思进行说明；3是对谚语错误的理解。

其他选项分别是
1　危険があっても近道をした方がいい。/就算是有危险也要走近路。
2　危険があっても遠い道を選んだ方がいい。/就算是有危险也要绕远路。
3　事故を起こさないように遠い道を選んだ方がいい。/为了不引起事故，选择远路比较好。

11　正确答案是2。

勉強する子やいいことをした子はみんなの前でほめ、怠ける子や悪いことをした子は理由がわかるように叱ること。（学习的孩子和做了好事的孩子要在人前表扬，偷懒的孩子和做了坏事的孩子要让他们明白受批评的理由。）

该题目属于关键词理解的问题。文章中的关键句是：「ほめるときは、なるべくたくさんの人の前で、はっきりほめて、多くの人にも祝福してもらおう。叱る場合は人の知らないところで、静かに叱られる理由がよくわかって反省してもらえるように叱ろ

う。」根据关键句可以推测出其中两种情况下的处理方式，由此可以推断出正确答案。在选项中：1两种场景下的做法相反；3文章中没有提及；4文章中没有提及。

其他选项分别是

1 怠ける子や悪いことをした子はみんなの前ではっきり叱り、勉強する子やいいことをした子は静かにほめること。/懒惰的孩子、做了坏事的孩子要在众人面前明确地批评，学习的孩子、做了好事的孩子要悄悄地表扬。

3 勉強する子やいいことをした子と怠ける子や悪いことをした子とは違うグループにして、たくさんの人に知らせること。/学习的孩子、做了好事的孩子要和懒惰的孩子、做了坏事的孩子区分开来，并让尽可能多的人知道。

4 勉強する子やいいことをした子と怠ける子や悪いことをした子とを混ぜてグループを作り、できるだけ悪いことをしないように指導すること。/学习的孩子、做了好事的孩子要和懒惰的孩子、做了坏事的孩子混在一起，尽可能教导他们不要做坏事。

12 正确答案是3。

商品を渡したとき、おじいさんから優しい言葉をもらったことが意外だった。（把商品给老爷爷的时候，听他说了这么温馨的话感觉到意外。）

该题目属于总结性的问题。文章中的关键句是：「同じ名字であるだけで、これだけ温かい言葉がもらえるとは思わなかった。」问题询问作者的心情是什么样的，根据关键句作者说仅仅因为姓氏相同就得到了这样的祝福是没想到的。在选项中：1作者并没有感觉买东西的老爷爷麻烦，只是说当时正在工作，只能说感谢光临；2作者并没有说因为名字相同就感觉到不愉快；4并不是感到新鲜而是觉得温馨、意外。

其他选项分别是

1 「そうなんですか」と答えたとき、話好きなおじいさんが客として来て面倒だと思った。/在回答老爷爷"是吗？"的时候，感觉到这个话多的老爷爷作为一名顾客，很麻烦。

2 注文を聞いているときに、おじいさんから同じ名字だと言われて不愉快になった。/接受订单的时候，听到自己和老爷爷是一个姓氏觉得不高兴。

4 商品を包装しているときに、おじいさんが話している内容が新鮮だった。/包装商品的时候，听到老爷爷的话觉得很新鲜。

13 正确答案是4。

60代以上の人の19%が週末を土曜だけだと考えている。（60岁以上的人有19%认为周末仅是周六一天。）

该题目属于关键词理解的问题。文章中的关键句是：「一方、60代以上になると週末は土曜だけと考える人が19%。」问题是关于周末的理解，根据关键句中的说明可以推断出正确答案。在选项中：1和2所涉及到的20多岁的人认为周五晚上和周六周日是周末，所以这两个选项均不正确；3错误地把周末的时间圈定在周日了。

其他选项分别是
1 20代の人の半数が週末を金曜、土曜、日曜の三日間だと考えている。/20多岁的人一半认为周末是周五、周六和周日三天。
2 20代の人の約25%が週末を土曜、日曜の二日間だと考えている。/20多岁的人大约有25%认为周末是周六周日两天。
3 60代以上の人のほとんどが週末を日曜だけだと考えている。/60岁以上的人基本上都认为周末只有星期日一天。

14 正确答案是1。

言いたいことすべてをことばで表現するのは困難であるということを忘れてはならない。（不能忘记把自己想说的话全都用语言来表达出来是非常困难的一件事。）

该题目属于总结性的问题。文章中的关键句是：「ことばで表現すると、そのもののすべてをことばで言い表そうとしているにもかかわらず、必ず、言い表そうとしていることの一部が、口にされたことばからこぼれ落ちてしまう、ということです。」问题是最符合文章内容的是哪一项，关键句说不可能全都表达出来，一定会有一部分漏掉的东西，由此可以推断出正确答案是1。在选项中：2后半句所说的倾向并不存在；3颠倒了因果，同时文章中也没有用尽词汇来表达的描述；4是建议性的说法，作者只是在文章里面陈述事实，并没有给过建议，所以该选项也不正确。

其他选项分别是
2 ことばで言いたいことを表現するのは難しいが、一生懸命練習すればできるようになる。/用语言来表达自己想要说的事情是一件很困难的事情，如果能够拼命练习的话，就会变得能够表达了。
3 言いたいことを十分に伝えるには、ことばを使ってすべてを表現しなければならない。/为了能够充分传达想要说的事情，必须用尽词汇表达出全部的意思才可以。
4 いくら表現しようとしてもこぼれ落ちてしまうことは、最初から言う必要はない。/不管怎样努力表达都有所遗漏，从开始就没有说的必要。

15 正确答案是3。

アイは数字の3と4を同時に記憶することができる。（"アイ"能够同时记忆3和4。）

该题目属于总结性的问题。文章中的关键句是：「1けたの数字なら5つまで同時に記憶できるそうです。」问题是最符合文章内容的是哪一项，根据关键句的说明，个位的数字据说可以同时记忆到5，由此可以推断出正确答案。在选项中：1同时的说法是错误的；2所提到的是今后研究的课题，暂时没有结论；4理由同2。

其他选项分别是　　1　アイは100の言葉を同時に記憶することができる。／"アイ"能够同时记忆100个单词。
　　2　アイの覚えた言葉はアユムも覚えることができる。／"アイ"能记住的单词"アユム"也能记住。
　　4　アイはアユムが言葉を覚えるのを楽しみにしている。／"アイ"很期待"アユム"记住单词。

16 正确答案是2。

実際に生き物を殺しているということを心から強く感じること。（发自内心强烈地感受到杀死生灵的罪恶感。）

该题目属于关键词理解的问题。文章中的关键句是：「人が生き物の命の尊さをわかるには、逆説的になるかもしれませんが、生き物の命をあやめているという『実感』をもたなければならないでしょう。」问题询问指示代词所指代的事物，根据关键句的说明，出于对生命的尊重，深切体会到了杀死生命的感受，由此可以推断出正确答案。在选项中：1和选项的内容完全不相干；3阐述事实之后误解了作者的观点；4理由同3。

其他选项分别是　　1　生き物とともに、便利で快適な生活を送る経験をすること。／体验和其他生物共存的方便快捷的生活。
　　3　食べるためには、多くの生き物を殺すことは当然だと考えること。／为了满足口腹之欲，杀死大量的生物是理所当然的。
　　4　多くの生き物の命を奪っていることに気づかないまま生活すること。／不在意夺取了其他生物的生命这件事，按照原来的样子生活。

模 拟 考 场

限时：10分钟

問題4　つぎの（1）から（4）の文章を読んで、質問に答えなさい。答えは1・2・3・4から最もよいものを一つ選びなさい。

（1）

　日本には世界平均の約2倍近い雨が降っている。ところが、国の面積が小さく人口が多いため、国民一人当たりの雨の量は世界平均の4分の1程度しかない。実際たくさんの雨が降っても、日本には流れが急な川が多いので、その雨水はすぐに海へ流れ出てしまう。また、雨は梅雨や台風の季節などに集中して降り、それ以外の時期はあまり降らないし、雨の量は地域によってもかなり差がある。

　このように考えると、（　　　　）。日本人は水をもっと大切な資源として使っていくべきなのではないだろうか。

24　（　　）にはどんな文が入るか。

1　日本は決して水が豊かにある国だとは言えない。

2　日本は年間を通して降る雨の量が多い国だと言える。

3　日本は川などが多いので、水に恵まれていない国だとは言えない。

4　日本は地域による違いがあるが、全般的に雨の少ない国だと言える。

（2）

　さて、ここであなたに質問です。1時間の話と3分間の話では、どちらが難しいでしょう。このような質問をすると、ほとんどの人が1時間と答えます。

　しかし、これはまったく逆です。実は短い話ほど難しいのです。(注)仮に1時間、話をするのに1日の準備が必要だとすれば、3分の話であれば、1週間から10日は準備の時間が必要だ、と言われるくらいです。

　なぜなら、長い話は時間に余裕がありますから、多少横道にそれたり、エー、アノーなどという言葉癖が出ても、内容がよければカバーすることができます。

　　　　　　　　　　　（金井英之『人前で3分、あがらずに話せる本』による）

　（注）仮に：もしも。

25 なぜ短い話ほど難しいのか。

　　1　短い話は、短ければ短いほど横道（よこみち）にそれやすいから。

　　2　短い話は、内容がよくても言葉癖（ことばくせ）をカバーできないから。

　　3　短い話は、話す時間に余裕（よゆう）がなく上手に作るのが大変だから。

　　4　短い話は、準備の時間があまりとれないので急いで考えるから。

(3)

　サービスというのは本来、相手を喜ばせるためのものである。しかし同時に、こちらにも喜びが生まれてこなければいけない。相手が喜べば、こちらも人間の自然な感情として嬉（うれ）しくなる。この喜び喜ばれる中にこそ真（しん）の (注1) サービスがある。「この間お届けした商品はいかがですか」と問（と）うた (注2) 時、「とても便利で助かっています。いい品物をありがとう」とお客さまが答えくれる。この言葉に無上（むじょう）の (注3) 喜びを感じた時、初めて真のサービスができたと言えるだろう。

　　　　　　（江口克彦『［新装版］部下の哲学　成功するビジネスマン20の要諦』による）

（注1）真（しん）の：本当の。

（注2）問（と）うた：質問した、たずねた。

（注3）無上（むじょう）の：これ以上ない。

26 筆者は「真（しん）のサービス」とはどのようなものと考えているか。

　　1　お客さまに、「ありがとう」の言葉を言わせることができるもの。

　　2　相手にも喜んでもらい、それを自分の喜びとして受け取れるもの。

　　3　サービスを受けた相手が、無上の喜びを感じてくれるようなもの。

　　4　届けた商品が相手の役に立っていると、はっきり感じ取れるもの。

(4)

　日本の職場では最近、暑い夏にノーネクタイ、ノー上着で過ごそうという動が見られる。これは環境のことを考えて、服装で体感温度を調節し、冷房に使う電気の量を減らすのが目的である。寒がりで冷房に悩まされてきた人たちにとっては、いい知らせだと言えるだろう。

　ところが、これでその人たちみんなが喜べるというわけでもないのだ。例えば、放送局の中を考えてみよう。放送に使われる機械は暑さに弱いものが多いため、冷房が必要となる。機械のためには、どんなに寒くても人間のほうが我慢するしかないのである。

27 文章の内容と合っているものはどれか。

1 環境のことを考えて、放送局で働く人たちは電気の使用量を減らさなければならない。

2 冷房が強いと壊れる機械のことを考えて、放送局の人は暑さを我慢しなければならない。

3 環境を守るために、寒さに弱い人たちは服装で温度を調節して過ごさなければならない。

4 機械を守るために、放送局では冷房をつけて寒さを我慢しながら過ごさなければならない。

精 解 专 栏
独家发布

24　正确答案是1。

日本は決して水が豊かにある国だとは言えない。（决不能说日本是水资源丰富的国家。）

该题目属于总结性的填空问题。文章中的关键句是：「日本人は水をもっと大切な资源として使っていくべきなのではないだろうか。」虽然在文章开头的第一句说日本的降水是世界平均水平的二倍，在接下来的句子里面有「ところが」证明接下来要说的内容和观点与这句话相左。在出现问题的括号之后的关键句也说明日本并不是水资源丰富的国家，所以才有后面的需要珍视水资源合理使用的这句话。因此可以推断出正确答案是1。在选项中：2是说日本是降雨丰富的国家，没说是人均还是总数，属于观点上的错误；3以双重否定的形式来表达出强烈的语气，是说水资源丰富，也不符合后面句子的逻辑要求；4表述错误，日本水资源并不丰富的原因主要是人均的问题而不是地域的问题。

其他选项分别是
2　日本は年間を通して降る雨の量が多い国だと言える。/可以说日本是年降雨量较多的国家。
3　日本は川などが多いので、水に恵まれていない国だとは言えない。/因为河流较多，不能不说是水资源丰富的国家。
4　日本は地域による違いがあるが、全般的に雨の少ない国だと言える。/日本虽然因地而异，但是整体看来是少雨的国家。

25　正确答案是3。

短い話は、話す時間に余裕がなく上手に作るのが大変だから。（简短的谈话由于没有发挥的余地，不容易表达得很精彩。）

该题目是询问原因理由的问题。文章中的关键句是「なぜなら、長い話は時間に余裕がありますから、多少横道にそれたり、エー、アノーなどという言葉癖が出ても、内容がよければカバーすることができます。」说明长时间的对话是因为有富余的时间。所以可以岔开话题，即使没有反应过来，如果内容好的话也可以弥补过去，由此可以推断出正确答案。在选项中：1与文章内容不符，没有说简短的谈话容易岔开话题；2与文章内容不

符，文中没有提及，而且不是主要原因；4文章中没有提及简短的谈话由于没有准备时间而着急思考的问题。

其他选项分别是

1　短い話は、短ければ短いほど横道にそれやすいから。/因为简短的谈话，越短就越容易岔开话题。

2　短い話は、内容がよくても言葉癖をカバーできないから。/因为简短的谈话，即使内容好也不会弥补说话的错误。

4　短い話は、準備の時間があまりとれないので急いで考えるから。/因为简短的谈话由于没有什么准备时间，所以思考非常仓促。

26　正确答案是2。

相手にも喜んでもらい、それを自分の喜びとして受け取れるもの。（让对方高兴，并把它作为自己的快乐而领会。）

该题目属于关键词理解的问题。文章中的关键句是：「相手が喜べば、こちらも人間の自然な感情として嬉しくなる。」说明作者的观点是认为对方高兴的话，作为人的感情自然流露，自己也会觉得高兴。由此可以推断出正确答案。在选项中：1属于表面现象的陈述并不涉及作者的观点；3观点表述片面，没有说明最主要的观点；4和3一样都是片面地表述了观点当中的一部分。

其他选项分别是

1　お客さまに、「ありがとう」の言葉を言わせることができるもの。/让顾客说出"谢谢"这样的话。

3　サービスを受けた相手が、無上の喜びを感じてくれるようなもの。/接受服务的对象感受到无比的高兴。

4　届けた商品が相手の役に立っていると、はっきり感じ取れるもの。/清楚感受到收到商品对使用者的重要作用。

27　正确答案是4。

機械を守るために、放送局では冷房をつけて寒さを我慢しながら過ごさなければならない。（为了保护机器，在电视台必须开着冷气忍受寒冷。）

该题目属于总结性的问题。文章中的关键句是：「放送に使われる機械は暑さに弱いものが多いため、冷房が必要となる。機械のためには、どんなに寒くても人間のほうが我慢するしかないのである。」说明在电视台由于机器不耐高温，所以需要冷气。因为为了机器，很多人都必须要忍受寒冷。由此可以推断出正确答案。在选项中：1比较符合一般的常识，但是不是作者举出的特例情况；2表达了正好相反的含义；3为了保护环境，人们用衣服来调节体温的表述错误，是为了把冷气开小而不是耐寒。

其他选项分别是

1　環境のことを考えて、放送局で働く人たちは電気の使用量を減らさなければならない。/考虑到环境问题，在电视台工作的人必须减少电力使用量。

2　冷房が強いと壊れる機械のことを考えて、放送局の人は暑さを我慢しなければならない。/考虑到如果冷气开得大，机器就会损坏，电视台的人必须要忍受炎热。

3　環境を守るために、寒さに弱い人たちは服装で温度を調節して過ごさなければならない。/为了保护环境，不能忍受寒冷的人需要多穿衣服来调节温度。

问题 5

内容理解(中篇)
——答题关键

- 问题5是中篇文章的阅读,每篇文章后面有三个问题,考查考生对中篇文章内容的理解。其中包括对重点词语的理解、句子的理解或是对全篇内容的把握。改革之后的题目形式并没有大的改变,仅是有所微调。

- 在解答中篇文章时,需要掌握以下答题技巧:

  ①阅读文章前先看出处。了解文章的主题、提高理解程度。中篇阅读最后一般都会注明文章的出处,花2、3秒时间看一下出处可以对文章内容有个大致的了解。

  ②对于询问画线部分理由和内容的问题,线索就在画线部分邻近的前后。中篇文章中会出现很多对画线句的理解之类的问题,这类问题其实很简单,答案一般都在画线句的前后不超过两句话范围里会出现。

  ③要抓住作者的观点,不要自己想当然地认为怎么样,要以作者的观点为准。

免費検測

限时：15分钟

問題5　つぎの（1）と（2）の文章を読んで、質問に答えなさい。答えは1・2・3・4から最もよいものを一つ選びなさい。

（1）

　①子供の授業参観 (注) に行って驚いたことがあります。先生が、ある問題について「どう思いますか」と質問すると、生徒たちが手をあげ、指された生徒が答えた。次に、「ほかの人は」と先生がきくと、またみんなが手をあげ、別のだれかを先生が指します。すると、その生徒がさっきの生徒と同じことを答えたのです。そうやって次々に何人もの生徒がみんな同じ答えをしました。これには私、びっくりしました。同じ答えならいわなくてもいいのにと思うのですが、先生は②それを期待しておられるようでした。むしろ、別の答えが出てくると困ってしまうのかもしれません。

　しかし、無理しても別な答えを出すこと、あるいは人と同じことはいわないことが、大事だと私は思います。クラスが40人いたら40通りの答えがあるべきです。先生には、「別の答えはありませんか」と聞いてほしかった。そして、もし出てきた別の答えが間違っていても、それはおもしろいね、とまずほめて、しかし、ここの部分は考え直してみたらどうでしょうとか、ここに無理があるかもしれないと、言っていただけたらと思いましたね。

（山本毅雄「21世紀の本の読み方」による）

（注）授業参観：教室に入って授業を見学すること。

[28] ①「子供の授業参観に行って驚いたこと」とあるが、筆者は何に驚いたのか。
1　最初に指された生徒の答えが正しかったこと。
2　先生の質問に生徒が次々に同じ答えを言ったこと。
3　先生の質問に生徒が手をあげて1人ずつ答えたこと。
4　最初に答えた生徒と違う答えをする生徒に先生が困ったこと。
[29] ②「それ」は何を指すか。
1　生徒がみんな同じ答えを言うこと。
2　生徒がみんな違う答えを言うこと。

3　他の生徒と同じ答えの時は手をあげないこと。

4　他の生徒と違う答えの時は手をあげないこと。

30　筆者は学校の先生にどうしてほしいと思っているか。

1　生徒が間違った答えを出したらすぐ直してほしい。

2　生徒に人と違う答えを出すことをすすめてほしい。

3　生徒の答えが他の生徒と同じ答えでもほめてほしい。

4　生徒に正しい答えだと思った時だけ答えるように言ってほしい。

(2)

　海外旅行をするときの一般的な方法には、ガイドと一緒の「パック旅行」があるが、フリーツアー(注1)というものもある。

　パック旅行は、目的地までの往復の交通や宿泊、観光などがパッケージ(注2)になっているので、その名がある。すべてが決められているので、大変便利だが、団体行動をしなければならない。もっとゆっくり見たいなと思うような場所でも、決められたスケジュールにしばられる。

　その点、フリーツアーは往復の交通手段と宿泊先が決められているだけで、それ以外は自由＝フリーだ。目的地での行動を自由に決めて、移動に必要な鉄道やバスなどの切符もいっしょに申し込むことができる。ただ、フリーツアーでも注意しなければならない点がある。一度ツアー料金を払ってしまったら、往復の飛行機やホテルは変えられないし、キャンセルする場合は出発日の3週間も前からキャンセル料を取られてしまう。自分なりの計画をきちんと立てて、自由な旅を楽しもう。

　（注1）ツアー：旅行のこと。

　（注2）パッケージ：関係あるものを一つにまとめたもの。

31　ガイドと一緒の「パック旅行」のいい点はどんなところだと言っているか。

1　交通手段、宿泊先、予定などを自分で決めなくてもいいこと。

2　他の旅行客と一緒に見て回れるので、友人が作れること。

3　ガイドが一緒に行ってくれるので、くわしい説明が聞けること。

4　ゆっくり見たいときには時間をのばしてゆっくり見られること。

32　「フリーツアー」のいい点はどんなところだと言っているか。

1　団体で行動して他の旅行客と一緒に楽しく旅行できること。

2　宿泊先が決まっているので、ホテルをさがす必要がないこと。

3　時間にしばられないで、行きたい場所を自由に見て回れること。

4　決められたスケジュールにしたがってゆっくり観光できること。

33　「フリーツアー」で注意しなければならない点はどんなことだと言っているか。

1　料金を支払って後は、往復(おうふく)の交通手段と宿泊先(しゅくはくさき)は変えられないこと。

2　鉄道やバスなどの切符(きっぷ)は、目的地で自分で買わなければならないこと。

3　ガイドがいないから、観光するときに道に迷(まよ)うかもしれないこと。

4　宿泊先(しゅくはくさき)が決まっていないので、ホテルをさがさなければならないこと。

精 解 专 栏
独家发布

问题5－免费检测

（1）

28 正确答案是2。

先生の質問に生徒が次々に同じ答えを言ったこと。（学生一个接一个都用相同的答案回答老师的问题。）

该题目属于意思理解的问题。文章中的关键句是：「そうやって次々に何人もの生徒がみんな同じ答えをしました。これには私、びっくりしました。」可以知道老师问孩子问题的时候，孩子们一个接一个都用相同的答案回答，这个让作者很吃惊。在选项中：1不是作者吃惊的真正原因；3对于老师的问题学生们挨个举手回答，这个也不是吃惊的真正原因；4文章中没有提及。

其他选项分别是
1 最初に指された生徒の答えが正しかったこと。/第一个叫的学生回答正确了。
3 先生の質問に生徒が手をあげて1人ずつ答えたこと。/对于老师的提问，学生一个一个举手回答。
4 最初に答えた生徒と違う答えをする生徒に先生が困ったこと。/和第一个回答的学生给出不同答案的学生让老师很为难。

29 正确答案是1。

生徒がみんな同じ答えを言うこと。（学生们都说出了相同的答案。）

该题目属于解释指示语所指内容的问题。文章中的关键句是：「すると、その生徒がさっきの生徒と同じことを答えたのです。そうやって次々に何人もの生徒がみんな同じ答えをしました。」由此可以知道，虽然第一个同学已经回答正确了，老师还是不断地叫其他举手的学生，而且回答的都是相同的答案，由此可以推断出正确答案。在选项中：2与文章内容不符；3文中没有提及与其他学生答案相同时不举手；4文中没有提及与其他学生答案不同时不举手。

其他选项分别是
2　生徒がみんな違う答えを言うこと。/学生们都说出了不同答案。

3　他の生徒と同じ答えの時は手をあげないこと。/与其他学生答案相同的时候不举手。

4　他の生徒と違う答えの時は手をあげないこと。/与其他学生答案不同的时候不举手。

30　正确答案是2。

生徒に人と違う答えを出すことをすすめてほしい。（希望老师鼓励学生说出与他人不同的答案。）

该题目属于询问原因理由类型的问题。文章中的关键句是：「先生には、『別の答えはありませんか』と聞いてほしかった。」可以看出作者希望老师提问说：“没有别的答案吗？”由此可以推断出正确答案。在选项中：1文中没有提及希望老师马上改正学生的错误答案；3文中没有提及；4文中没有提及。

其他选项分别是
1　生徒が間違った答えを出したらすぐ直してほしい。/希望老师马上改正学生的错误答案。

3　生徒の答えが他の生徒と同じ答えでもほめてほしい。/即使和别的学生答案一样也希望老师表扬。

4　生徒に正しい答えだと思った時だけ答えるように言ってほしい。/觉得能够正确回答时才希望老师提问自己。

（2）

31　正确答案是1。

交通手段、宿泊先、予定などを自分で決めなくてもいいこと。（可以不用自己决定交通工具、住宿处、旅行计划等。）

该题目属于文章重点内容理解类型的问题。文章中的关键句是：「目的地までの往復の交通や宿泊、観光などがパッケージになっている。」「すべてが決められているので、大変便利だ。」可见往返的交通工具、住宿、观光等都安排好了，所以非常方便，这就是“旅行社全包的旅行”的好处，所以得出正确选项。在选项中：2文章中并没有提到；3文中也没有提到；4由第二段的最后一句「スケジュールにしばられる」可以看出，“旅行社全包的旅行”受时间、行程的限制做不到想延长就延长的程度。

2 他の旅行客と一緒に見て回れるので、友人が作れること。/因为和其他游客一起观光，所以能交到朋友。

3 ガイドが一緒に行ってくれるので、くわしい説明が聞けること。/因为有导游陪同，所以能够听到详细的景点讲解。

4 ゆっくり見たいときには時間をのばしてゆっくり見られること。/想慢慢欣赏的时候就可以延长时间慢慢欣赏。

32 正确答案是3。

時間にしばられないで、行きたい場所を自由に見て回れること。（不必受时间的约束，可以随便去想去的地方。）

文章中的关键句是：「その点、フリーツアーは往復の交通手段と宿泊先が決められているだけで、それ以外は自由＝フリーだ。」「目的地での行動を自由に決めて。」虽然答案没有直接出现在第三段，但是上一段的最后一句说："旅行社全包的旅行"即使是想慢慢欣赏的地方，也必须受到时间的约束，接下来第三段承接上文说「その点」（在那一点上）"自由旅行"除了定下了往返的交通工具和住宿地之外，其余都是自由的，暗含了在时间上也是自由的，所以正确选项为3。在选项中：1文中没有提到，并且就算提到了也是"旅行社全包的旅行"的好处；2是"旅行社全包的旅行"的好处；4的前半句"按照决定好的时间表"，这是"旅行社全包的旅行"的特点，而不是"自由旅行"的特点，所以说法不正确。

其他选项分别是 1 団体で行動して他の旅行客と一緒に楽しく旅行できること。/集体行动，能够和其他游客一起快乐的旅行。

2 宿泊先が決まっているので、ホテルをさがす必要がないこと。/住宿地已经定下来了，所以不必再去找酒店了。

4 決められたスケジュールにしたがってゆっくり観光できること。/可以按照决定好的时间表来慢慢观光、游玩。

33 正确答案是1。

料金を支払って後は、往復の交通手段と宿泊先は変えられないこと。（付款后，往返的交通工具和住宿地就不能改变了。）

文章中的关键句是：「一度ツアー料金を払ってしまったら、往復の飛行機やホテルは変えられない。」也就是说"一旦支付了旅行所需的费用后，往返的机票呀酒店就不能变了"。关于这一点「ただ、フリーツアーでも注意しなければならない点がある。」一句已经给出了明确的提示，所以正确选项为1。在选项中：2文中没有提到；3文中也没有

提到；4由本段的第一句「往復の交通手段と宿泊先が決められているだけで」可以看出住宿地已经决定了，并不需要再找酒店了。

其他选项分别是

2　鉄道やバスなどの切符は、目的地で自分で買わなければならないこと。/铁路呀公共汽车票必须在目的地自行购买。

3　ガイドがいないから、観光するときに道に迷うかもしれないこと。/因为没有导游，所以观光的时候有可能迷路。

4　宿泊先が決まっていないので、ホテルをさがさなければならないこと。/因为住宿地没有定下来，所以必须要找酒店。

魔鬼训练

（一）

加藤さん

　　秋も深まってまいりましたが、お元気でお過ごしのことと思います。そちらでの生活には、もう慣れましたか。

　　さて、先月の25日に今年のクラス会(注1)が無事に開かれました。高校を卒業してからちょうど10年目のクラス会ということで、私たちが教えていただいた花田先生とクラスの卒業生32名が出席しました。毎年、幹事(注2)として出席していた加藤さんが欠席だったことが残念でしたが、楽しい時間を過ごしました。

　　ところで、来年も10月ごろクラス会を開くことになりましたが、今後は卒業した高校周辺で行うのではなく、いろいろな所に場所を移してしようということになりました。来年の候補地は京都になり、京都で大学の講師をしている佐々木君とあちらの大学を卒業した私なら京都にくわしいからと言われ、幹事を引き受けることになりました。佐々木君とも話し合い、より楽しいクラス会にしようと張り切っています。

　　長い間幹事をしてきた加藤さんからもぜひよいお知恵をお借りしたいので、これからはたびたび相談にのってもらえればと思います。今後はメール(注3)でご連絡しますので、よろしくお願いします。では、また。

中村　ゆう子

（注1）クラス会：学校で同じクラスだった人たちが卒業後に集まって開くパーティー。
（注2）幹事：パーティーなどの準備、連絡を中心になった人。
（注3）メール：コンピューターを使って送ったり受け取ったりする手紙。電子メール。Eメール。

1 この手紙を受け取る人はどんな人か。

1　最近、引越しをした人。
2　これから引越しをする人。
3　今年もクラス会に出席した人。
4　今年もクラス会の幹事をした人。

2 この手紙を書いた人が次のクラス会の幹事に選ばれたのはなぜか。

1　現在、京都の大学の講師をしていて、幹事の仕事の内容がわかっているから。
2　卒業した高校の近くだけでなく、日本のいろいろな場所を知っているから。
3　加藤さんと連絡が取れて、メールでいつでも相談にのると言われたから。
4　クラス会をする候補地にいたことがあり、そこをよく知っているから。

3 この手紙を書いた一番の目的は何か。

　　1　今回のクラス会に花田先生が出席したことを知ってほしい。

　　2　楽しいクラス会を開くためのよいアイディアを教えてほしい。

　　3　次の幹事に選ばれたが、やりたくないことを知ってほしい。

　　4　これからは手紙ではなくメールで日々の出来事を知らせてほしい。

（二）

　子供に食事のマナー (注1) を教えるときは、「○○すべきである」「○○しなくてはならない」というように、自分の考え方を押し付けるのでは子供たちは納得しません。子供たちは、「美しい食べ方をしていると、人から『すてきだ』とか『かっこいい』とか思われる」という経験を通して、美しいマナーの意味を納得するのです。

　それには、家庭や学校などの集団の中で、子供自身に自分のありよう (注2) を意識させることです。そして、きれいで美しい食べ方ができたときには「きれいに食べられたね」「かっこよく見えるよ」とほめてあげましょう。

　子供はほめられたことで「またこのようにしてみよう」と思います。こうして（中略）美しいマナーが習慣となり、その場に応じた美しい自己 (注3) のふるまいを身につけていくことができるのでしょう。

　ところで、皆さんは食事のマナーが成立するには「他者との関係」が不可欠 (注4) であることにお気づきでしょうか。

　人は人前で食事をするとき、一人で食べるよりもそれなりに整った食べ方をしようとするものです。それは「自分をよく見せない、人からよく見られたい」という気持ちが根底 (注5) にあるからです。だから食事のマナーを身につける必要性が自然に生ずるのです。

　一方、一人で食事をとるときは、食事のマナーを感ずることが少ないのではないでしょうか。近頃の家庭の多く見られる「子供の独食」は、子供に適切なマナー観 (注6) を身につけさせるという意味においても考慮すべき問題であるといえるのです。

（女子栄養大学出版部『栄養と料理』1999年2月号による）

（注1）マナー：行儀・作法。

（注2）ありよう：ようす・姿。

（注3）自己：自分自身。

（注4）不可欠：なくてはならないもの、どうしても必要なもの。

（注5）根底：基本、もと。

（注6）マナー観：マナーについての考え方。

4 「自分のありようを意識させる」とあるが、どういうことか。

　　1　自分のふるまいがきれいかどうかを意識させる。

　　2　他の人に自分が迷惑をかけているのだと意識させる。

　　3　他の人から見て自分が美しく見えているのだと意識させる。

　　4　家庭や学校等の集団の中で自分の置かれている立場を意識させる。

5　子供に食事のマナーを身につけさせるために筆者がすすめているのは、どれか。

　　1　親の考え方を子供に押し付ける。

　　2　時々、一人で食事をさせるようにする。

　　3　子供が美しく食べたときにほめてやる。

　　4　子供にマナーの意味を説明して納得させる。

6　子供が一人で食事をする「独食」について、筆者はどのように考えているか。

　　1　一人で食事をしていると正しいマナーが身につきにくい。

　　2　一人で食事をすることで適切なマナー観が身についていく。

　　3　人は一人で食べるときの方が正しい食べ方をしようとする。

　　4　一人で食事をするときでも正しいマナーで食べなければならない。

                                （三）

　　お母さんは赤ん坊に、生まれた日からしゃべりかける。もちろん、赤ん坊は何も理解しているはずはない。しばらくして、目の焦点が合わせられるようになると、赤ん坊はお母さんの顔を一生懸命に見る。お母さんが舌を出したり、口をとがらす(注1)と、赤ん坊がそれを真似るといわれている。

　　①この能力はそう簡単なものとは思えない。赤ん坊は目でお母さんの顔を見て、それを自分の顔の形を変える筋肉の活動に訳さなければならない。大人なら鏡を見て自分の顔がどう変わるかわかるが、生まれて数ヶ月の赤ん坊にそんなことはできない。

　　②クール(注2)の最近の研究によると、赤ん坊はお母さんの口の形を見ただけで、それがどの声に対応するか(注3)を知っている。クールは次のような実験で、これを証明した。

　　まず、スピーカーから「ア」という音を出す。そして、二つのテレビの画面のうち、一つにはお母さんが「ア」というときの顔を見せ、もう一つの画面には「イ」の声を出している顔を映す。そして、隠しカメラで赤ん坊の目や頭が、どちらを向いているか記録してみると、赤ん坊は「ア」といっている顔の方に目や頭を向けることがわかる。

　　人間の社会では声と顔の表情が大切な信号だから、赤ん坊が声と顔の関係を早く習う能力を持って、生まれてくるのであろう。（　③　）、口の形と声との関連性は、赤ん坊の頃から頭に焼き付けられる(注4)。

                         （小西正一『小鳥はなぜ歌うのか』による）

（注1）とがらす：鋭く細くする。

（注2）クール：研究者の名前。

（注3）どの声に対応するか：どの声を表すか。

（注4）頭に焼き付ける：しっかりと記憶する。

7　①「この能力はそう簡単なものとは思えない」とあるが、それはなぜか。

　　1　母親のしゃべりかけるときの表情の意味を理解するのは難しいから。

　　2　母親をみて自分がどちらを向くかすぐにきめなければならないから。

　　3　母親を見て自分の顔の筋肉を同じように動かす必要があるから。

　　4　母親のしゃべりかける内容の意味を理解するのは難しいから。

8　②「クールの最近の研究」の結果から考えると、母親の「イ」という声を赤ん坊に聞かせた場合、赤ん坊はどうすると思われるか。

　　1　「イ」というときの母親の顔の画面を見る。

　　2　「あ」というときの母親の顔の画面を見る。

　　3　本物の母親がどこにいるか、さがす。

　　4　母親の声のした方をふりかえる。

9　（③）に入る最も適当な言葉はどれか。

　　1　しかし　　　　　2　しかも　　　　　3　といっても　　4　このように

（四）

　ついこの前、近くのお店に買い物に行った時のこと。

　私がお店を出ようとすると、前に電動三輪車(注1)に乗ったおじいさんがいた。私は急いでいたので、そのおじいさんを追い越して、先に自動ドアの前に立った。ドアが開くと、①「ありがとう」という声が聞こえた。驚いて振り返る(注2)と、うれしそうに笑顔でお礼を言うおじいさんがいた。あっと思った私は、おじいさんが通り過ぎるのを待った。

　私は②おじいさんに、とても申し訳ない気がした。お礼を言われるまで、おじいさんにとって自動ドアを通ることが大変だなんて、少しも気付かなかった。結果として親切な行動となったが、それは偶然のことで、親切な気持ちではなかったのだから。

　私には何ともないことでも、苦労する人がいるのだと、実感した出来事だった。その人の立場にならなければ、なかなか分からないことだけれど、今度こんな状況に出合ったら、すぐに気が付くようにしたい。そして、今度はお礼を言われても、それにこたえられるような、気持ちからの行動にしたい。

（2001年1月4日付朝日新聞による）

　（注1）電動三輪車：歩くのが困難な人のために作られた、電気で動く乗り物。

　（注2）振り返る：後ろを見る。

10　おじいさんはなぜ①「ありがとう」と言ったのか。

　　1　動かなくなった電動三輪車を押してくれると思ったから。

　　2　自分のために電動三輪車を運んでくれると思ったから。

3　自分に合わせてゆっくり歩いてくれたと思ったから。

4　自分のために自動ドアを開けてくれたと思ったから。

11　筆者はなぜ②「おじいさんに、とても申し訳ない気がした」のか。

1　おじいさんが他の人と間違えて筆者にお礼を言ったから。

2　親切な気持ちからしたのではないのに、ありがとうと言われたから。

3　お礼を言われたのに、おじいさんが自動ドアを通るのを助けてあげなかったから。

4　おじいさんが自動ドアを通るのが大変だと気付かず、ドアを閉めてしまったから。

12　筆者はこれからどうしようと思っているか。

1　お礼を言われたから、今度ははっきり返事をしたい。

2　相手のことを考えて、自分から人を助ける行動をしたい。

3　困っているところを助けられたら、必ずお礼を言うようにしたい。

4　自分には何ともないことでも、他の人がいやがることはしないようにしたい。

（五）

　自分の気持ちを言葉にして身近な (注1) 人に話しかけるとき、抽象的な表現をしても、相手には何のことかピンと来ない (注2) ことが多いはずです。①言いたいことは常に具体的に。これが大切です。

　どうしても伝えたいことがある。しかし、わかりやすく表現できない。そんなときは、伝えたい内容を示す具体的な例はないかな、と考えてみるのです。

　（中略）

　あなたに誰かが話しかけてきたと考えてください。このとき、あなたが知っている人の名前や、行ったことがある土地の名前が出てくると、思わず話に引き込まれる (注3) ことがあるはずです。聞いたこともない国の地名が出てきて、その国が抱える問題点を聞かされても、「だから、どうしたの?」と②聞き返したくなるかもしれません。

　③会話は、相手が参加してくれてこそ成立します。だったら、相手を話題に引き込む材料が必要です。それが、具体例なのです。あるいは、お互いがよく知っている固有名詞 (注4) なのです。

（池上彰『相手に「伝わる」話し方』による）

（注1）身近な：自分に関係が深い。

（注2）ピンと来ない：すぐには分からない。

（注3）話に引き込まれる：話に興味を感じて聞く。

（注4）固有名詞：人の名前や地名、会社名など。

13 ①「言いたいことは常に具体的に」の後に続くと予測されるものはどれか。

1　話さなくてもいい。　　　　　　2　表さなければならない。

3　思い出すかもしれない。　　　　4　わかるようになるだろう。

14 ②「聞き返したくなる」のはなぜか。

1　自分の話す内容に相手は関心がないから。

2　その国の話題について自分は興味があるから。

3　その話は自分にはあまり関心がないことだから。

4　相手が関心のない話題に自分も興味がないから。

15 ③「会話は、相手が参加してくれてこそ成立します」とはどういう意味か。

1　会話の相手が話したいと思わなければ、会話はできない。

2　相手が身近な人なら話題に引き込まれて会話ができる。

3　会話の相手によって話し方を変えていては、会話はできない。

4　会話の相手は具体例がなくても会話に参加することができる。

（六）

アンさんの日記

7月17日（日）晴れ

　あと1週間で試験が始まる。今日から頑張って試験勉強をしようと思ったが、いい天気だったので午前中は公園まで散歩に行った。公園は犬を連れた人や家族連れが多くて、にぎやかだった。最近忙しくて、学校とアパートを往復するだけだったので、運動不足の感じ。30分ほど軽く走る。とても暑くて汗をかいたが久しぶりの運動は気持ちがいい。

　スーパーでお弁当を買って、アパートへ帰り、昼ご飯。午後から勉強しようと思ったが、つい寝てしまい、あまりできずに夕方になってしまった。

　試験が終わって、レポートを出せば夏休みだ。今年も北海道を旅する予定。旅行の準備はほとんど終わっている。早く行きたいなあ。

7月18日（月）晴れ

　試験が近いせいか図書館は学生でいっぱいだった。同じクラスの学生も何人か来ていた。レポートのための本を借りたかったのだが、みんな同じような本を探しているようで、あまり本がない。結局、1冊も借りられずにアパートに帰った。困った。明日、先生に相談してみよう。

7月19日（火）曇り

　曇っていたが暑かった。東京は暑いだけでなく、蒸し暑いから嫌だ。早く北海道に行きたい。

　午後、レポートのことで先生に相談したら、それはできないと断られ、締め切りは守

るようにと言われた。もっと早くレポートの準備をすればよかったというのはわかっているのだが、なかなか難しい。アルバイトをしているわけでもクラブ活動が忙しいわけでもないのだが、毎日時間が本当に早く過ぎていく。先生が宿題を出しすぎるんだ。早く夏休みにならないかなあ。

16 7月17日の日記の内容に合っているものはどれか。

1　運動しようと思って公園へ行ったが、人が多くて何もできなかった。

2　頑張って試験勉強をするつもりだったが、思ったほどできなかった。

3　運動不足なので走ろうと思ったが、とても暑くて走れなかった。

4　お弁当を買ってアパートへ帰ったが、食べないで寝てしまった。

17 「先生に相談してみよう」とあるが、次の日アンさんは先生に何と言ったと考えられるか。

1　「レポートに必要な本が図書館になかったので、レポート提出の日を延ばしていただけませんか。」

2　「図書館は学生がいっぱいでレポートが書けないので、先生の部屋を使わせていただけませんか。」

3　「レポートに必要な本は全部貸し出されていたので、テーマを変えさせていただけませんか。」

4　「レポートに必要な本が見つからなかったので、先生の本を貸していただけませんか。」

18 この日記にはアンさんのどんな気持ちが表れているか。その気持ちを表すものとして最適当なものはどれか。

1　学校もアルバイトも忙しくないのに、時間はどんどん過ぎていく。不思議だなあ。

2　北海道旅行は楽しみだが、その前の試験勉強やレポートが進まない。困ったなあ。

3　試験勉強やレポートで忙しくて、北海道旅行の準備がなかなかできない。大変だ。

4　レポートが提出できそうにないから、北海道旅行はあきらめよう。残念だ。

（七）

　　さいきん犬やねこなどのペットといっしょに住めるアパートがふえてきています。10年前、この町にはペットと住めるアパートがほとんどありませんでしたが、去年はぜんぶのアパートの半分以上になりました。そして、今もふえつづけているそうです。

　　先月花田さんとおくさんがこの町のアパートにひっこしてきました。ひっこしてから、犬2ひきといっしょに住んでいます。花田さんは65さいで仕事をやめてから元気がありませんでしたが、犬といっしょにいて気持ちが明(あか)るくなったそうです。おくさんは体がじょうぶになりました。ひっこす前は足が悪くて、ほとんど家の中にいましたが、今は毎日犬といっしょにさんぽしています。二人は、いやなことがあっても、かわいい2ひきの犬を見ると気持ちがやさしくなって、毎日楽(たの)しくせいかつできると言っています。

　　わたしは今までペットがほしいと思ったことがありませんでした。ペットは毎日世話がたいへんです。食べ物やトイレの世話があるし、病気のときは病院につれて行かなければなりません。でも、花田さんの話を聞いて、わたしもペットと住んでみたいと思いました。

19 この町のアパートの説明で正しいものはどれですか。
　1　今はペットといっしょに住めるアパートのほうが多い。
　2　今はペットといっしょに住めないアパートのほうが多い。
　3　今はほとんどのアパートでペットといっしょに住めない。
　4　今はどんなアパートでもペットといっしょに住める。

20 花田さんのおくさんの説明で正しいものはどれですか。
　1　仕事をやめたので、せいかつが楽しくなりました。
　2　足が悪くて、ほとんど家の中にいます。
　3　10年前から犬2ひきといっしょに住んでいます。
　4　この町にひっこしてから前より元気になりました。

21 「ペットと住んでみたい」と思ったのはどうしてですか。
　1　ペットの世話が10年前よりかんたんになったから。
　2　ペットといっしょにせいかつするのは楽しそうだから。
　3　ペットと住めるアパートがさいきんふえてきたから。
　4　ペットは食べ物やトイレの世話があるから。

（八）

　　日本では、雨がふる日は天気が悪い日と言う。どうして日本では雨がふる日だけ天気が悪いと言うのだろうか。

　　もちろん、雨がふるとかさをささなければならない。くつがよごれるし、かばんもぬれる。でも、わたしは雨の日が好きだ。雨の日は、木のみどりがうつくしく見える。雨がきたない空気を洗っているようで、はれの日よりきれいに見える。また、デパートや映画館は雨の日のほうがすいている。それに、わたしがいつも行くスーパーは雨の日のほうがねだんが安い。特に野菜やくだものはとても安くなるのでうれしい。

　　わたしは雨ではなく、風が強いほうが天気が悪いと思う。風が強い日は、よく目にごみが入ってこまる。それに、家にすなが入ったり、せんたくものがとんだりして、たいへんだからだ。

　　雨がふると天気が悪いと言われるけれど、わたしは＿＿＿＿と思う。みなさんはどう考えるだろうか。

22 日本ではふつう「天気が悪い日」とはどんな日ですか。

　　1　雨がふらない日。　　　　　　　2　雨がふる日。

　　3　風が弱い日。　　　　　　　　　4　風が強い日。

23 「わたし」はどうして雨の日が好きですか。

　　1　でかける人が多いから。

　　2　野菜やくだものがおいしいから。

　　3　くつやかばんがきれいになるから。

　　4　いつものけしきがきれいに見えるから。

24 ＿＿＿＿＿には何を入れますか。

　　1　雨がふらない日は天気がいい日だ。

　　2　雨がふる日より風が強い日のほうが天気がいい。

　　3　天気がいいか悪いかは、風の強さではきめられない。

　　4　天気がいいか悪いかは、雨だけではきめられない。

精 解 专 栏
独家发布

问题5-魔鬼训练

（一）

1　正确答案是1。

最近、引越しをした人。（最近搬了家的人。）

该题目属于要点理解类的问题。文章中的关键句是：「そちらでの生活には、もう慣れましたか。」问题询问收信人是个什么样的人，根据文章内容可以知道，写信人问收信人是否已经习惯了那边的生活，所以不难找到正确选项。在选项中：2时态不对，收信人已经搬家了；3文中可以看出今年加藤先生没有参加，所以与文中内容不符；4文中可以知道加藤今年没有参加，因此也没有当同学会的干事。

其他选项分别是　2　これから引越しをする人。/要搬家的人。

3　今年もクラス会に出席した人。/今年也出席了同学会的人。

4　今年もクラス会の幹事をした人。/今年也当同学会干事的人。

2　正确答案是4。

クラス会をする候補地にいたことがあり、そこをよく知っているから。（在同学会的候选地待过，并且了解当地情况。）

该题目属于询问原因理由的问题。文章中的关键句是：「来年の候補地は京都になり、京都で大学の講師をしている佐々木君とあちらの大学を卒業した私なら京都にくわしいからと言われ、幹事を引き受けることになりました。」如关键句所说写信人是在京都毕业的，对京都比较熟悉，所以被选为同学会干事，所以不难找到正确选项。在选项中：1说的不是写信人，而是佐佐木先生；2与文章内容不符，文中没有提及写信人了解日本很多地方；3不是真正的原因，而是写信人被选为干事以后要做的事情。

其他选项分别是

1 現在、京都の大学の講師をしていて、幹事の仕事の内容がわかっているから。/因为现在在京都的大学做讲师，了解干事的工作内容。
2 卒業した高校の近くだけでなく、日本のいろいろな場所を知っているから。/因为不仅了解毕业高中的周边，也知道日本很多地方。
3 加藤さんと連絡が取れて、メールでいつでも相談にのると言われたから。/因为大家说能经常和加藤先生取得联系，用邮件商量。

3 正确答案是2。

楽しいクラス会を開くためのよいアイディアを教えてほしい。（为了举办一次愉快的同学会，希望得到好的建议。）

文章中的关键句是：「佐々木君とも話し合い、より楽しいクラス会にしようと張り切っています。」「長い間幹事をしてきた加藤さんからもぜひよいお知恵をお借りしたいので、これからはたびたび相談にのってもらえればと思います。」在最后两段可以看出写信人的目的是为了举办一个更好的联欢会，而征求加藤先生的意见，因此不难得出正确选项。在选项中：1不是真正原因，而且与文章内容不符；3与文章内容不符，没有不想做之意；4通知每天发生的事情，与文章内容不符。

其他选项分别是

1 今回のクラス会に花田先生が出席したことを知ってほしい。/想让他知道这次的同学会花田老师出席了。
3 次の幹事に選ばれたが、やりたくないことを知ってほしい。/想让他知道虽然被选为下次的干事，可不情愿做。
4 これからは手紙ではなくメールで日々の出来事を知らせてほしい。/今后不只是信件，也要通过邮件让他通知每天发生的事情。

（二）

4 正确答案是1。

自分のふるまいがきれいかどうかを意識させる。（让孩子意识到自己的举止是否得体。）

该题目属于就画线部分提问的问题。文章中的关键句是：「『美しい食べ方をしていると、人から"すてきだ"とか"かっこいい"とか思われる』という経験を通して、美

しいマナーの意味を納得するのです。」第一段也是强调孩子的吃饭方式是否正确，让孩子理解正确的礼节的意义，由此可以推断出正确答案是1。在选项中：2与文章内容不符，文中没有提到给他人带来麻烦；3文中没有说在外人眼里自己看上去很美；4文中的意思不是让孩子意识到自己在家庭和学校团体内自己的地位，而是举止是否得体。

其他选项分别是
2　他の人に自分が迷惑をかけているのだと意識させる。/让（孩子）意识到自己给他人造成麻烦。
3　他の人から見て自分が美しく見えているのだと意識させる。/让（孩子）意识到在他人眼里自己看起来很美。
4　家庭や学校等の集団の中で自分の置かれている立場を意識させる。/让（孩子）意识到自己在家庭、学校等集体中自己的地位。

5　正确答案是3。

子供が美しく食べたときにほめてやる。（孩子吃得很得体的时候表扬他。）

该题目属于作者主张类问题。文章中的关键句是：「そして、きれいで美しい食べ方ができたときには『きれいに食べられたね』『かっこよく見えるよ』とほめてあげましょう。」可以看出作者主张在孩子用很优雅的方式吃饭的时候要表扬他吃得很得体，看起来很帅，由此可以推断出正确答案是3。在选项中：1与作者意图相反，作者没有让父母给孩子强加自己的思想；2与文章内容不符，不是作者的主张；4向孩子解释礼节的意义并让他们理解，这与作者的观点不符，作者主张孩子做得对的时候表扬他们。

其他选项分别是
1　親の考え方を子供に押し付ける。/把父母的思想强加给孩子。
2　時々、一人で食事をさせるようにする。/偶尔让孩子自己吃饭。
4　子供にマナーの意味を説明して納得させる。/给孩子解释礼节的意义并让他们理解。

6　正确答案是1。

一人で食事をしていると正しいマナーが身につきにくい。（一个人吃饭的话不容易掌握正确的礼节。）

文章中的关键句是：「一方、一人で食事をとるときは、食事のマナーを感ずることが少ないのではないでしょうか。」在最后一段作者强调孩子自己吃饭时很少能意识到饮食的礼节，由此可以推断出正确答案是1。在选项中：2与作者观点相反，作者认为一个人吃饭不容易掌握礼节；3与作者观点相反；4文中没有提及一个人吃饭也必须用正确的礼节。

其他选项分别是
2　一人で食事をすることで適切なマナー観が身についていく。/一个人吃饭可以掌握适当的礼节观。

3　人は一人で食べるときの方が正しい食べ方をしようとする。/一个人吃饭的时候能掌握正确的吃饭方式。

4　一人で食事をするときでも正しいマナーで食べなければならない。/一个人吃饭的时候也必须用正确的礼节吃。

（三）

7　正确答案是3。

母親を見て自分の顔の筋肉を同じように動かす必要があるから。（因为有必要看着妈妈的面部肌肉的变化改变自己面部肌肉变化。）

该题目属于询问原因理由类的问题。文章中的关键句是：「赤ん坊は目でお母さんの顔を見て、それを自分の顔の形を変える筋肉の活動に訳さなければならない。大人なら鏡を見て自分の顔がどう変わるかわかるが、生まれて数ヶ月の赤ん坊にそんなことはできない。」可知大人可以通过照镜子看到自己脸部肌肉的变化，而对于不会照镜子的孩子来说这个不太容易做到，由此可以推断出正确答案是3。在选项中：1文章没有提到婴儿很难理解母亲说话时候表情的意思；2 文中没有提到婴儿看着母亲的脸必须马上决定自己朝向哪方；4文章没有提到婴儿很难理解母亲说话的意思。

其他选项分别是
1　母親のしゃべりかけるときの表情の意味を理解するのは難しいから。/因为婴儿很难理解母亲说话时表情的意义。

2　母親をみて自分がどちらを向くかすぐにきめなければならないから。/因为婴儿看着母亲的脸必须马上决定自己朝向哪方。

4　母親のしゃべりかける内容の意味を理解するのは難しいから。/因为婴儿很难理解母亲说话的意思。

8　正确答案是1。

「イ」というときの母親の顔の画面を見る。（看妈妈发「イ」时脸的画面。）

该题目属于作者主张类的问题。文章中的关键句是：「クールの最近の研究によると、赤ん坊はお母さんの口の形を見ただけで、それがどの声に対応するかを知っている。」可以看出科学家研究表明，婴儿可以把声音和表情一一对应，所以当婴儿听到妈妈发「イ」这个音时，会注意妈妈发音时的表情。由此可以推断出正确答案是1。在选项

中：2与文章内容相反；3文章没有提及婴儿寻找妈妈在哪；4文章没有提及婴儿会模仿母亲的发音。

其他选项分别是　2　「あ」というときの母親の顔の画面を見る。/看妈妈发「あ」时脸的画面。

　　　　　　　　3　本物の母親がどこにいるか、さがす。/婴儿寻找妈妈在哪。

　　　　　　　　4　母親の声のした方をふりかえる。/婴儿会模仿母亲的发音方法。

9　正确答案是4。

このように。（因此。）

该题目属于接续词填空的问题。文章中的关键句是：「人間の社会では声と顔の表情が大切な信号だから、赤ん坊が声と顔の関係を早く習う能力を持って、生まれてくるのであろう。口の形と声との関連性は、赤ん坊の頃から頭に焼き付けられる。」从前后文的意思可以知道，前文说婴儿很早就具有分辨脸和声音关系的能力，后文说口型和声音的关联性是婴儿与生俱来的能力，所以前后文是总结的关系，后文是前文的总结，由此可以推断出正确答案是4。在选项中：1表示转折；2表示递进；3表示转折。

其他选项分别是　1　しかし。/但是。

　　　　　　　　2　しかも。/并且。

　　　　　　　　3　といっても。/但是。

（四）

10　正确答案是4。

自分のために自動ドアを開けてくれたと思ったから（因为觉得是为了自己打开自动门的。）

该题目属于询问原因理由类的问题。文章中的关键句是：「お礼を言われるまで、おじいさんにとって自動ドアを通ることが大変だなんて、少しも気付かなかった。」可以看出作者没有意识到坐电动三轮车上的老爷爷通过自动门是很困难的事情，但是却被老爷爷误以为作者帮助了他打开自动门，由此可以推断出正确答案是4。在选项中：1文中没有提及作者帮助推电动三轮车；2文中没有提及帮忙抬电动三轮车；3文中没有提及为了配合老爷爷而慢慢地走。

其他选项分别是
1 動かなくなった電動三輪車を押してくれると思ったから。/因为老爷爷以为作者帮忙推不转动的电动三轮车。
2 自分のために電動三輪車を運んでくれると思ったから。/因为老爷爷以为作者帮抬电动三轮车。
3 自分に合わせてゆっくり歩いてくれたと思ったから。/因为老爷爷以为作者为了配合自己慢慢地走。

11 正确答案是2。

親切な気持ちからしたのではないのに、ありがとうと言われたから（因为并不是出于好意，却受到感谢。）

文章中的关键句是：「結果として親切な行動となったが、それは偶然のことで、親切な気持ちではなかったのだから。」可以看出作者并没有想帮助老爷爷，只是偶尔的事件，由此可以推断出正确答案是2。在选项中：1文章没有说老爷爷认错人；3与文章内容不符，不是被道谢却没有帮助老爷爷；4文章没有说作者关上了门。

其他选项分别是
1 おじいさんが他の人と間違えて筆者にお礼を言ったから。/因为老爷爷认错人，和作者道谢了。
3 お礼を言われたのに、おじいさんが自動ドアを通るのを助けてあげなかったから。/因为作者虽然被感谢，却没有帮助老爷爷通过自动门。
4 おじいさんが自動ドアを通るのが大変だと気付かず、ドアを閉めてしまったから。/因为作者没有意识到老爷爷通过自动门很吃力，而把门关上了。

12 正确答案是2。

相手のことを考えて、自分から人を助ける行動をしたい。（为别人考虑，多帮助别人。）

该题目属于询问作者主张类的问题。文章中的关键句是：「今度はお礼を言われても、それにこたえられるような、気持ちからの行動にしたい。」在最后一段作者强调要发自内心帮助别人，这样别人道谢的时候才能安心接受。由此可以推断出正确答案是2。在选项中：1文中没有提到被道谢后如何答复的事；3与文章内容不符，没有提及别人帮助自己的事；4文章没有提及不做让人讨厌的事情。

其他选项分别是　1　お礼を言われたから、今度ははっきり返事をしたい。/因为被道谢了，所以下次想清晰地回复对方。

3　困っているところを助けられたら、必ずお礼を言うようにしたい。/如果别人帮助了自己，一定要马上道谢。

4　自分には何ともないことでも、他の人がいやがることはしないようにしたい。/即使对于自己是小事，也不想做别人讨厌的事情。

（五）

13　正确答案是2。

表さなければならない。（必须表达。）

文章中的关键句是：「どうしても伝えたいことがある。しかし、わかりやすく表現できない。」可以看出作者的意思是必须用具体的事例表达想表达的事情，强调的是表达出来，由此可以推断出正确答案是2。在选项中：1不说也行，这个不是作者的主张；3也许会想起，也没有说表达之意；4也许会明白，也不是说要表达。

其他选项分别是　1　話さなくてもいい。/不说也行。

3　思い出すかもしれない。/也许会想起。

4　わかるようになるだろう。/会明白吧。

14　正确答案是3。

その話は自分にはあまり関心がないことだから。（因为那个话题自己不太关心。）

该题目属于询问原因理由类的问题。文章中的关键句是：「聞いたこともない国の地名が出てきて、その国が抱える問題点を聞かされても。」可以看出作者在被问到自己不知道的话题时会反问从而表现出对这个问题没兴趣，由此可以推断出正确答案是3。在选项中：1反问的人是自己；2与文章内容相反；4文章没有说对方不感兴趣的话题自己也没兴趣。

其他选项分别是　1　自分の話す内容に相手は関心がないから。/因为自己说的内容对方不关心。

2　その国の話題について自分は興味があるから。/因为对于那个国家的话题自己感兴趣。

4　相手が関心のない話題に自分も興味がないから。/因为对方不感兴趣的话题自己也不感兴趣。

15 正确答案是1。

会話の相手が話したいと思わなければ、会話はできない。（如果对方不想谈话，对话无法进展下去。）

该题目属于询问作者主张类的问题。文章中的关键句是：「だったら、相手を話題に引き込む材料が必要です。」在最后一段作者强调要让对方也参与到谈话中是很必要的，由此可以推断出正确答案是1。在选项中：2 与文章内容不符，不一定非得是身边的人；3 与文章内容不符，没有提及谈话方式的问题；4与文章内容相悖，文中说如果没有具体的例子，对方就参与不了谈话。

其他选项分别是
2 相手が身近な人なら話題に引き込まれて会話ができる。/如果对方是身边的人的话就可以参与到谈话中来。
3 会話の相手によって話し方を変えていては、会話はできない。/因谈话对象不同谈话方式改变就不能形成对话。
4 会話の相手は具体例がなくても会話に参加することができる。/谈话对象如果没有具体的例子也能参加到谈话中来。

（六）

16 正确答案是2。

頑張って試験勉強をするつもりだったが、思ったほどできなかった。（本打算努力复习，却没能如愿。）

文章中的关键句是：「今日から頑張って試験勉強をしようと思ったが、いい天気だったので午前中は公園まで散歩に行った。」「午後から勉強しようと思ったが、つい寝てしまい、あまりできずに夕方になってしまった。」从关键句可以看出作者上午去了公园散步，下午睡着了，都没有努力复习，由此可以推断出正确答案是2。在选项中：1与文章内容不符，文中说去公园跑了30分钟；3与文章内容不符；4与文章内容不符，吃了便当后睡着了。

其他选项分别是
1 運動しようと思って公園へ行ったが、人が多くて何もできなかった。/想要运动去了公园，可人太多没能运动成。
3 運動不足なので走ろうと思ったが、とても暑くて走れなかった。/因为运动不足，本想跑步，可是太热没能跑成。
4 お弁当を買ってアパートへ帰ったが、食べないで寝てしまった。/买了便当回宿舍了，可没吃就睡着了。

17　正确答案是1。

「レポートに必要な本が図書館になかったので、レポート提出の日を延ばしていただけませんか。」（"图书馆没有写报告需要的书，所以可不可以延期提交报告？"）

该题目属于作者主张类的问题。文章中的关键句是：「レポートのための本を借りたかったのだが、みんな同じような本を探しているようで、あまり本がない。」「もっと早くレポートの準備をすればよかったというのはわかっているのだが、なかなか難しい。」可以看出作者说大家都借相同的书所以自己没有借到，而且必须尽快准备报告，所以可以推断是要和老师商量延期交报告的事，由此可以推断出正确答案是1。在选项中：2与文章内容不符，没有提及在图书馆不能写报告；3与文章内容不符，作者没有要换主题的意思；4根据后文可以判断虽然没有材料但是也要尽快完成报告，所以不是和老师商量借书的事。

其他选项分别是

2　「図書館は学生がいっぱいでレポートが書けないので、先生の部屋を使わせていただけませんか。」/ "图书馆有很多学生不能写报告，所以可以借老师的房间吗？"

3　「レポートに必要な本は全部貸し出されていたので、テーマを変えさせていただけませんか。」/ "写报告需要的书全部被借光了，所以可以换个题目吗？"

4　「レポートに必要な本が見つからなかったので、先生の本を貸していただけませんか。」/ "找不到写报告需要的书，所以能借老师的书吗？"

18　正确答案是2。

北海道旅行は楽しみだが、その前の試験勉強やレポートが進まない。困ったなあ。（虽然期待北海道旅行，但之前的考试复习和报告很难进行，很困惑。）

本题目属于作者主张类的问题。文章中的关键句是：「早く北海道に行きたい。」「もっと早くレポートの準備をすればよかったというのはわかっているのだが、なかなか難しい。」在最后一段作者强调很想去北海道，可报告早点准备就好了，很为难，因此可以推断正确答案是2。在选项中：1文章没有提到作者觉得时光流逝，不可思议；3文章没有提到北海道旅行的准备很困难；4文章没有提到因为提交不了报告而放弃北海道旅行。

其他选项分别是　1　学校もアルバイトも忙しくないのに、時間はどんどん過ぎていく。不思議だなあ。/虽然学校和打工都不忙碌，但是时光飞逝，感觉很不可思议。

3　試験勉強やレポートで忙しくて、北海道旅行の準備がなかなかできない。大変だ。/忙于考试复习和提交报告，不能准备北海道旅行，很为难。

4　レポートが提出できそうにないから、北海道旅行はあきらめよう。残念だ。/因为提交不了报告，所以想放弃北海道旅行，很遗憾。

（七）

19　正确答案是1。

今はペットといっしょに住めるアパートのほうが多い。（现在可以和宠物一起生活的公寓很多。）

该题目属于文章内容理解类的问题。文章中的关键句是：「さいきん犬やねこなどのペットといっしょに住めるアパートがふえてきています。」可以看出现在可以和宠物一起生活的公寓增多了，但并不是全部公寓都可以，由此可以推断出正确答案是1。在选项中：2与文章内容相反；3文章中说今年绝大多数公寓可以和宠物一起生活，与选项意思相反；4与文章内容不符，文章中没有说任何公寓都可以。

其他选项分别是　2　今はペットといっしょに住めないアパートのほうが多い。/现在不可以和宠物一起住的公寓很多。

3　今はほとんどのアパートでペットといっしょに住めない。/现在绝大多数公寓不可以和宠物一起住。

4　今はどんなアパートでもペットといっしょに住める。/现在任何公寓都可以和宠物一起住。

20　正确答案是4。

この町にひっこしてから前より元気になりました。（搬到这个街道之后比以前健康了。）

该题目属于作者主张类的问题。文章中的关键句是：「おくさんは体がじょうぶになりました。ひっこす前は足が悪くて、ほとんど家の中にいましたが、今は毎日犬といっしょにさんぽしています。」可以看出搬家以后夫人每天和小狗一起散步，脚变好了，变健康了，由此可以推断出正确答案是4。在选项中：1不是因为辞职生活才变得快乐，而是因为和小狗一起生活才快乐；2这个是搬家之前的状态；3文中没有提及十年之前的事。

<table>
<tr><td rowspan="3">其他选项分别是</td><td>1</td><td>仕事をやめたので、せいかつが楽しくなりました。/因为辞职了，所以生活快乐了。</td></tr>
<tr><td>2</td><td>足が悪くて、ほとんど家の中にいます。/因为脚不好，几乎都是在家待着。</td></tr>
<tr><td>3</td><td>10年前から犬2ひきといっしょに住んでいます。/十年前开始和两只小狗一起生活。</td></tr>
</table>

21　正确答案是2。

ペットといっしょにせいかつするのは楽しそうだから。（因为和宠物一起生活似乎很快乐。）

本题目属于询问作者意图类的问题。文章中的关键句是：「二人は、いやなことがあっても、かわいい2ひきの犬を見ると気持ちがやさしくなって、毎日楽しくせいかつできると言っています。」文中说作者听到花田先生的事，感觉他们和小狗生活得很快乐，所以想养一只狗，因此可以推断正确答案是2。在选项中：1文章中没有提及；3不是主要原因，只是一个客观原因；4是作者一直没养狗的原因。

<table>
<tr><td rowspan="3">其他选项分别是</td><td>1</td><td>ペットの世話が10年前よりかんたんになったから。/照顾宠物比十年前简单了。</td></tr>
<tr><td>3</td><td>ペットと住めるアパートがさいきんふえてきたから。/最近可以养宠物的公寓增多了。</td></tr>
<tr><td>4</td><td>ペットは食べ物やトイレの世話があるから。/因为要给宠物喂食还要照顾它。</td></tr>
</table>

（八）

22　正确答案是2。

雨がふる日。（下雨天。）

该题目属于重点理解类的问题。文章中的关键句是：「日本では雨がふる日は天気が悪い日と言う。」可以看出在日本下雨天被认为是坏天气，由此可以推断出正确答案是2。在选项中：1与文章内容相反；3文章中没有提及；4与文章内容不符。

<table>
<tr><td rowspan="3">其他选项分别是</td><td>1</td><td>雨がふらない日。/不下雨的天。</td></tr>
<tr><td>3</td><td>風が弱い日。/弱风天气。</td></tr>
<tr><td>4</td><td>風が強い日。/强风天气。</td></tr>
</table>

23　正确答案是4。

いつものけしきがきれいに見えるから。（因为平日的景色看上去更美。）

该题目属于询问原因理由类的问题。文章中的关键句是：「雨の日は、木のみどりがうつくしく見える。雨がきたない空気を洗っているようで、はれの日よりきれいに見える。」可以看出作者认为下雨天景色看上去更干净、更美，所以喜欢下雨天，由此可以推断出正确答案是4。在选项中：1与文中内容相反；2文章没有提及；3文章没有提及。

其他选项分别是　1　でかける人が多いから。/因为出门的人多。
　　2　野菜やくだものがおいしいから。/因为蔬菜和水果好吃。
　　3　くつやかばんがきれいになるから。/因为鞋子和包变得干净。

24　正确答案是4。

天気がいいか悪いかは、雨だけではきめられない。（天气好坏不能只用有没有雨来决定。）

文章中的关键句是：「わたしは雨ではなく、風が強いほうが天気が悪いと思う。」可以知道作者认为狂风天是坏天气，并不认为下雨天是坏天气，所以天气好坏不能用下不下雨来评价，因此可以推断正确答案是4。在选项中：1文章没有提及，只是说下雨天不是坏天气，但没说不下雨就是好天气；2与作者观点相反，作者认为下雨天比狂风天好；3与前文连接不上，前文说下雨，后文也要接同一话题。

其他选项分别是　1　雨がふらない日は天気がいい日だ。/不下雨的天是好天气。
　　2　雨がふる日より風が強い日のほうが天気がいい。/与下雨天相比，狂风天是好天气。
　　3　天気がいいか悪いかは、風の強さではきめられない。/天气好坏不能用风的强度决定。

模拟考场

問題5　つぎの（1）と（2）の文章を読んで、質問に答えなさい。答えは1・2・3・4から最もよいものを一つ選びなさい。

（1）

　次の文章は、ある園芸雑誌に載った読者からの質問と専門家の回答です。

『質問』

　先日、花屋に「育てやすいですよ。」と言われた花を買いました。言われたとおり日光がよく当たる場所に植えたのですが、枯れてしまいました。土には栄養を十分に与えました。水も毎日決まった時間にたっぷりやっていました。いったい、何がいけなかったのでしょうか。

『回答』

　このかたは、日光、土の栄養、水と三つの要素をよく考えていらっしゃいますね。植物は生命活動の養分を日光の助けを借りて作り出しているので、日光に当てることは大切です。でも、それだけでは植物は十分に成長しません。土の栄養が不足すると、葉が小さくなったり美しくなくなったりしますから、栄養にも注意しなければなりません。もちろん水も重要で、水がなければ植物は枯れてしまいます。しかし、実は「あればあるほどいい」というものではないのです。

　毎日決まった時間に水をたっぷりやっていらっしゃったようですが、飲みすぎがよくないのは人間や動物と同じです。一日一回時間も量も決めて水をやるのは規則正しいやりかたで、水をやっている人はそれで心が満たされる（注）でしょう。けれども水を必要としているのは人間ではなく、植物のほうです。植物は、成長が止まる時期には、それほど水分を吸わなくなります。また、天候や土の種類によって異なります。こうした点によく注意して、水をやるようにしてみてください。

　（注）心が満たされる：満足する。

28 回答者は植物を育てるには基本的に何が大切だと考えているか。

　1　「日光」と「土の栄養」と「水」が大切だと考えている。

　2　植物を枯れさせないための「水」が何よりも大切だと考えている。

3　生命活動の養分を作り出すための「日光」が一番大切だと考えている。

4　植物を十分に成長させるための「土の栄養」が最も大切だと考えている。

29　水のやりかたについて回答者はどのように考えているか。

1　植物も人間の場合と同じように、規則正しく水をやることは必要である。

2　規則正しく水をやることは、人間の心を満たすことにもなり、重要である。

3　規則正しさよりも、成長や土の状態を考えて水をやることのほうが大切である。

4　植物の成長期には水を多くやってはいけないので、規則正しくやる必要はない。

30　回答者は、なぜ花が枯れたと考えているか。最も適当なものはどれか。

1　水をやり過ぎたから。

2　日光に与え過ぎたから。

3　土に栄養を与え過ぎたから。

4　土に栄養を与えずに日光に頼りすぎたから。

(2)

　①やりたい仕事を見つける方法は簡単です。「自分が今やっている仕事を一生懸命やる」、それでよいのです。そうすればまず、それがやりたい仕事なのか、やりたくない仕事なのかがわかります。

　もしやりたくないと判断しても、すぐに辞めるのは禁物(注1)です。一生懸命やっているうちに成果(注2)を出してくれば、それがやりたい仕事に変わってくるからです。やりたくない、面白くないと思っても、②最低3年は続けてください。その積み重ねが「天職(注3)」に結びつくのです。

　それだけやっても、どうしても面白さを見いだせ(注4)ないこともあるかもしれません。しかしその場合、その仕事に関連した技術は身につきます。知識も身につきます。ただし、いい加減に(注5)やっていたら、何も身につきません。ましてや(注6)すぐに辞めたら、得るものなど一つもないままに終わってしまいます。

（鷲田小彌太『すぐに使える！哲学恋愛、仕事から生と死の問題までスッキリ解決！』による）

（注1）禁物：してはいけないこと。

（注2）成果：得られたよい結果。

（注3）天職：その人に最も合った職業。

（注4）見いだす：見つける。

（注5）いい加減に：深く考えず無責任に。

（注6）ましてや：さらに言えば。

31 ①「やりたい仕事を見つける方法」について、筆者はどう述べているか。

1　3年続けて大きな成果が出れば、それが「天職」だとはっきりする。

2　目の前の仕事を一生懸命にすれば、それがやりたい仕事かどうかわかる。

3　やりたくない仕事を辞めれば、本当にやりたい仕事が見えてくる。

4　その仕事の知識が身につけば、やりたい仕事になっていると感じられる。

32 どうして筆者は、仕事を②「最低3年は続けてください」と言っているのか。

1　3年働かなければ、一生懸命にその仕事をしたとは言えないから。

2　成果が出てきてやりたい仕事になるのに、3年はかかるから。

3　3年の積み重ねがなければ、やりたい仕事ではないから。

4　仕事というものは、最低3年はしなければならないから。

33 面白さを見いだせなかった仕事でも、どんないいことがあると筆者は言っているか。

1　その仕事に関係した技術や知識は身につく。

2　これが「天職」だという判断が得られる。

3　仕事をいい加減にしてはいけないことがわかる。

4　続けなくてよかったという気持ちになれる。

正解：1 3 1　　2 2 1

精解专栏
独家发布

问题5-模拟考场

（1）

28 正确答案是1。

「日光」と「土の栄養」と「水」が大切だと考えている。（认为阳光、土壤的养分、水都重要。）

　　该题目属于重点理解类的问题。文章中的关键句是：「日光に当てることは大切です。でも、それだけでは植物は十分に成長しません。土の栄養が不足すると、葉が小さくなったり美しくなくなったりします。」「もちろん水も重要で、水がなければ植物は枯れてしまいます。」从文章中可以看出回答者说阳光很重要，土壤不足也不可以，而且水也很重要，由此可以推断出正确答案是1。在选项中：2文章没有说只有水最重要；3文章没有说阳光最重要；4文章没有说土壤最重要。

其他选项分别是
2　植物を枯れさせないための「水」が何ようりも大切だと考えている。/认为不让植物干枯的水比什么都重要。
3　生命活動の養分を作り出すための「日光」が一番大切だと考えている。/认为制造植物活动养分的阳光是最重要的。
4　植物を十分に成長させるための「土の栄養」が最も大切だと考えている。/认为能让植物充分生长的土壤是最重要的。

29 正确答案是3。

規則正しさよりも、成長や土の状態を考えて水をやることのほうが大切である。（比起规矩，考虑植物生长和土壤的状态，浇水是很重要的。）

　　文章中的关键句是：「植物は、成長が止まる時期には、それほど水分を吸わなくなります。また、天候や土の種類によって異なります。こうした点によく注意して、水をやるようにしてみてください。」可以看出不是一味地浇水，而要考虑到植物生长和土壤状况等因素，由此可以推断出正确答案是3。在选项中：1与文章内容不符，除了按要求也要考虑其他因素；2按照要求浇水比充满爱心更重要，这一点文章没有提及；4与文章相悖，按照要求浇水是非常必要的。

其他选项分别是
1　植物も人間の場合と同じように、規則正しく水をやることは必要でる。/植物和人一样，按要求浇水是必要的。
2　規則正しく水をやることは、人間の心を満たすことにもなり、重要である。/按照要求浇水比充满爱心更重要。
4　植物の成長期には水を多くやってはいけないので、規則正しくやる必要はない。/因为植物的生长期不能浇太多水，所以没必要按要求浇。

30　正确答案是1。

水をやり過ぎたから。（因为浇水过多。）

该题目属于作者主张类的问题。文章中的关键句是：「毎日決まった時間に水をたっぷりやっていらっしゃったようですが、飲みすぎがよくないのは人間や動物と同じです。」关键句说明了每天按时充分地浇水，可浇水过多也不好。因此可以推断出正确答案是1。在选项中：2与文章不符，回答者第二段都是在说水的问题；3与文章不符，理由同2；4与文章不符，理由同2。

其他选项分别是
2　日光に与え過ぎたから。/因为阳光过于充足。
3　土に栄養を与え過ぎたから。/因为给土壤营养过盛。
4　土に栄養を与えずに日光に頼りすぎたから。/因为不给土壤营养，只依靠阳光。

（2）

31　正确答案是2。

目の前の仕事を一生懸命にすれば、それがやりたい仕事かどうかわかる。（如果把眼前的工作努力做的话，就知道它是不是自己想做的工作了。）

该题目属于作者主张类的问题。文章中的关键句是：「『自分が今やっている仕事を一生懸命やる』、それでよいのです。そうすればまず、それがやりたい仕事なのか、やりたくない仕事なのかがわかります。」从第一段就可以看出，寻找想做的工作的方法就是拼命做眼前的工作，因此可以推断出正确选项是2。在选项中：1与文章内容不符，文章意思是如果连续三年做不想做的工作才会成为"天职"；3文章没有说如果辞掉不想做的工作就好会找到真正想做的工作；4说得太绝对了，不一定掌握了一种工作就会变成想做的工作。

其他选项分别是　1　3年続けて大きな成果が出れば、それが「天職」だとはっきりする。/如果坚持三年取得了巨大成就的话，就可以明确是"天职"。

　　　　　　　　3　やりたくない仕事を辞めれば、本当にやりたい仕事が見えてくる。/如果辞去不想做的工作，就会找到真正想做的工作。

　　　　　　　　4　その仕事の知識が身につけば、やりたい仕事になっていると感じられる。/掌握了一种工作就会变成想做的工作。

32　正确答案是2。

　　成果が出てきてやりたい仕事になるのに、3年はかかるから。（因为一份工作取得成果并变成想做的工作需要花三年时间。）

　　该题目属于询问原因理由类的问题。文章中的关键句是：「最低3年は続けてください。その積み重ねが『天職』に結びつくのです。」从关键句可以看出三年的积累才能知道这份工作是否适合自己，是否是自己真正想做的工作，因为可以推断出正确选项是2。在选项中：1后半句与文章内容不符；3文章没有提及；4与文章内容不符。

其他选项分别是　1　3年働かなければ、一生懸命にその仕事をしたとは言えないから。/因为如果不工作三年，就不能说努力做了那份工作。

　　　　　　　　3　3年の積み重ねがなければ、やりたい仕事ではないから。/因为如果没有三年的积累，就不是想做的工作。

　　　　　　　　4　仕事というものは、最低3年はしなければならないから。/因为工作必须最少做三年。

33　正确答案是1。

　　その仕事に関係した技術や知識は身につく。（掌握那份工作相关的技术和知识。）

　　该题目属于作者主张类的问题。文章中的关键句是：「それだけやっても、どうしても面白さを見いだせないこともあるかもしれません。しかしその場合、その仕事に関連した技術は身につきます。知識も身につきます。」从关键句可以看出，作者的主张是即使发现那份工作无趣，但是也要掌握那份工作的技术和知识，由此可以推断正确选项是1。在选项中：2与文章内容不符，没有说能断定那是适合自己的工作；3不是主要因素，与文章内容不符；4文章中没有提及。

其他选项分别是　2　これが「天職」だという判断が得られる。/可以判断这是最适合自己的职业。

　　　　　　　　3　仕事をいい加減にしてはいけないことがわかる。/知道了工作不能敷衍了事。

　　　　　　　　4　続けなくてよかったという気持ちになれる。/觉得放弃（那份工作）真好。

问题 **6**

内容理解（长篇）
——答题关键

● 问题6是长篇文章的阅读，每篇文章后面有四个问题，考查考生对长篇文章内容的综合理解。其中包括对于重点关键词语或是句子的理解，或者是对全篇内容的把握。改革之后的题目形式并没有太大的改变，仅是略有调整。

● 在解答长篇文章时，需要掌握以下答题技巧：
① 反复出现的词汇是关键词。要特别注意含有关键词的语句。反复出现的词汇，是作者一直在考虑的词汇。也就是作者思考重点的关键词。所以，含有关键词的语句中，经常会出现对关键词的说明或作者的主张。因此，含有关键词的语句决不能放过。
② 当同样内容的表达重复出现时，这即是作者主张的核心，要特别注意。文章中，有时会出现用词不同，但所说内容相同的表达。因为作者无论如何也希望读者理解自己主张的重要部分。所以作者会从各种角度来加以说明，力争使读者理解。这样导致的结果就是同样的内容事态，使用了不同的表达来说明。这些重复的表达非常重要，要特别注意。
③ 判断内容正误的题目，要正确抓住不正确选项错误叙述部分。决不是能立刻选出正确选项那么简单。急急忙忙选出的答案，很有可能是错的。这个时候，反过来应去注意那些不正确选项的错误叙述部分。排除掉与原文内容意思不同的选项，正确选项自然就浮出水面了。

免费检测

限时：12分钟

問題6　つぎの文章を読んで、質問に答えなさい。答えは1・2・3・4から最もよいもの
　　　　を一つ選びなさい。

　玉ねぎ(注1)を切るとき、涙が出て困った経験はだれにでもあるだろう。①涙が出る
原因は、玉ねぎの中に入っている「アリシン」である。アリシンは、常温(注2)で空気中
に出ていく性質(注3)があり、玉ねぎを切るときに飛び出す。そして、呼吸したりすると
きに体の中に入ってきて、涙を出させるのである。

　では、これを防ぐにはどうしたらいいだろうか。以下のような方法がある。
　　A　台所の換気扇をつける。
　　B　鼻にティッシュペーパーをつめる。
　　C　玉ねぎをいくつかに切って水につけておく。
　　D　玉ねぎを冷蔵庫に入れて冷やしておく。
　　E　包丁に熱湯をかけてから切る。
　　F　玉ねぎを電子レンジで温めておく。

　これらの方法は二つのタイプに分けられる。一つは、②空気中に出たアリシンが体に
入るのを防ぐタイプである。もう一つは、アリシンが空気中に出るのを防ぐタイプで、
こちらはアリシンの性質を利用する方法だ。アリシンには、水に溶けやすい、冷たいと
外に出にくい、熱で壊れやすい、という性質がある。玉ねぎを冷やしたり、熱い包丁を
使ったりするのは、少し時間が経つと効果がなくなる。これに対して、玉ねぎを水につ
けておいたり、③レンジで温めたりするやり方は、効果が高いようだ。

　しかし、実はアリシンは体にいいものなのだ。それが水に流れ出たり、熱で壊れたり
してしまう。このため、涙は出にくくなるが、アリシンが減ってしまうという欠点があ
る。これらのことを考えて、④一番いいと思う方法を選ぶといいだろう。

　（注1）玉ねぎ：野菜の名前。
　（注2）常温：15度から25度ぐらいの気温。
　（注3）性質：物がもっている性格や特徴。

[34] ①「涙が出る原因は、玉ねぎの中に入っている『アリシン』である」とあるが、玉ねぎを切っているとき、涙が出てくるのはどうしてか。

1　目から「アリシン」が少しずつ体の中に入ってきて、目が痛くなってくるから。

2　「アリシン」が流れ出た空気を吸っていると、だんだん呼吸がしにくくなるから。

3　「アリシン」が体に入ってきて、体の中の悪いものを涙で外に出そうとするから。

4　息を吸うことで空気中の「アリシン」が体の中に入り、それが涙を出させるから。

[35] ②「空気中に出たアリシンが体に入るのを防ぐタイプ」とあるが、これは文章の中のどの方法か。

1　A 　　　　　　　　　　　　2　AとB

3　AとBとC 　　　　　　　　4　AとBとCとD

[36] ③「レンジで温めたりするやり方」とあるが、この方法の特徴について正しく説明しているのはどれか。

1　涙は出にくくなるが、アリシンが壊されるという欠点がある。

2　アリシンが熱で少なくなるので、この方法はやらない方がいい。

3　効果はとても高いが、アリシンが水の中に流れ出る心配がある。

4　アリシンの熱に弱い性質を利用していて、一番いい方法である。

[37] ④「一番いいと思う方法を選ぶといいだろう」とあるが、ここで言いたいことはどんなことか。

1　涙を完全に出なくする方法はまだない。いい方法を知っていたら教えてほしい。

2　6つの方法の中には一つだけいい方法があるので、自分で実験して調べてほしい。

3　最後に紹介した方法が一番効果があるので、一度その方法をやってみてほしい。

4　紹介した方法にはいい点も悪い点もある。自分に合う方法を見つけてほしい。

正解：4 2 1 4

精 解 专 栏
独家发布

问题6-免费检测

34 正确答案是4。

　　息を吸うことで空気中の「アリシン」が体の中に入り、それが涙を出させるから。（因为呼吸，空气中的蒜氨酸酶进入到体内，容易催泪。）

　　该题目属于询问原因理由的问题。文章中的关键句是：「アリシンは、常温で空気中に出ていく性質があり、玉ねぎを切るときに飛び出す。そして、呼吸したりするときに体の中に入ってきて、涙を出させるのである。」意思是"蒜氨酸酶在常温下有挥发的特性，切洋葱时会挥发出来。并且通过呼吸进入人体，让眼泪流出来"，所以正确选项为4。在选项中：1蒜氨酸酶会从眼睛进入体内是错误的；2吸入蒜氨酸酶的结果是呼吸困难，根据生活常识这是不正确的；3人体内不好的东西通过眼泪流出来，这个文中没有提到。

　　其他选项分别是
1　目から「アリシン」が少しずつ体の中に入ってきて、目が痛くなってくるから。/因为蒜氨酸酶会从眼睛一点点地进入人体，所以眼睛就变疼了。
2　「アリシン」が流れ出た空気を吸っていると、だんだん呼吸がしにくくなるから。/因为要是吸入弥漫着蒜氨酸酶的空气，逐渐地呼吸会变得困难。
3　「アリシン」が体に入ってきて、体の中の悪いものを涙で外に出そうとするから。/因为蒜氨酸酶进入人体，人体内不好的东西就要通过眼泪流出来。

35 正确答案是2。

　　AとB。（A和B。）

　　该题目属于综合理解的问题。防止流眼泪的办法总的说有两种，一种是"防止蒜氨酸酶进入人体"，另一种是"防止蒜氨酸酶进入空气中"，问题是属于第一种方法的是ABCDEF中的哪几种。A打开厨房的换气扇；B用卫生纸塞住鼻孔；C把洋葱切开放入水中；D把洋葱放入冰箱冷却；E把菜刀浇上热水再切（洋葱）；F把洋葱放入微波炉加热。由此可以看出属于第一种方法的是A和B，其余做法为第二种方法。

36　正确答案是1。

　　涙は出にくくなるが、アリシンが壊されるという欠点がある。（眼泪不会那么容易流出来，但是缺点是破坏了蒜氨酸酶。）

　　文章中的关键句是：「それが水に流れ出たり、熱で壊れたりしてしまう。このため、涙は出にくくなるが、アリシンが減ってしまうという欠点がある。」意思是："（蒜氨酸酶）流入水中或受热遭到破坏。因此眼泪是不容易流出来了，但是缺点是蒜氨酸酶减少了。"由此可以看出正确选项为1。在选项中：2前半句正确，后半句文章中并没有提及；3由「効果が高いようだ」看出前半句正确，但后半句则说的是把洋葱放入水中的缺点，和问题不符；4前半句正确，但这种方法也有让蒜氨酸酶流失的缺点，并没有说它是最好的方法。

　　其他选项分别是
　2　アリシンが熱で少なくなるので、この方法はやらない方がいい。/蒜氨酸酶因为受热减少了，所以最好不要用这个方法。
　3　効果はとても高いが、アリシンが水の中に流れ出る心配がある。/效果很好，但是担心蒜氨酸酶会流入水中。
　4　アリシンの熱に弱い性質を利用していて、一番いい方法である。/利用了蒜氨酸酶不耐热的性质，是最好的方法。

37　正确答案是4。

　　紹介した方法にはいい点も悪い点もある。自分に合う方法を見つけてほしい。（介绍的方法既有优点也有缺点，希望大家能发现适合自己的方法。）

　　该题目属于综合性的问题。做出直接选择会很困难，所以可以采用排除法。在选项中：1和问题中画线句子完全没有关系，所以不正确；2和3的错误在于文中没有提到哪种方法是最佳方法，而这两个选项都说有最佳方法，是不正确的；4既说到了优点也说到了缺点，并且后半句和画线部分意思相一致，所以为正确选项。

　　其他选项分别是
　1　涙を完全に出なくする方法はまだない。いい方法を知っていたら教えてほしい。/还没有方法能彻底不让眼泪流出，要是知道好的方法希望能告诉（我）。
　2　6つの方法の中には一つだけいい方法があるので、自分で実験して調べてほしい。/在6种方法中只有1种是好方法，希望（大家）自己通过实验来发现。
　3　最後に紹介した方法が一番効果があるので、一度その方法をやってみてほしい。/最后介绍的方法最有效果，希望（大家）自己试试这个方法。

魔鬼训练

(一)

徹子から電話がありました。今から5、6年前のことです。

「ねえ、ママ、千葉へ行ってきたの」

電話の声が弾んで (注1) います。きっと何かおもしろいことがあったんだろうと思い、私も「そうだったの」と相槌を打ち (注2) ながら、彼女の次の言葉をワクワクしながら (注3) 待っています。

「窓から太陽の沈む様子が、この世のものとは思えないほど美しいと評判の旅館があってね。それを見に、10人ぐらいの有志 (注4) で出かけたわけ」

ちょっとひと呼吸おいてから、また話しはじめました。

「昼間の間は散歩したり、みんなで楽しく遊んでね、そろそろ時間になったわけ。①さあ、時間だ！というので、みんなで窓のそばに座り、固唾をのんで (注5) 待ってたの。『ホラ、沈むわよ』『ウワーッ、すごい』『この偉大な夕日にかなう (注6) ものはこの世には何もない』なんて口々に言いながら、あまりの素晴らしさに胸打たれて、最後はもう、＿＿＿＿＿みんな声も出なくなっちゃったほどだったのね。そのとき突然私が言ったのよ」

「あら、何て言ったのよ」

もうここまでくると②好奇心 (注7) 剥き出しです。

「ここで雑魚寝 (注8) して、明日の朝、また太陽が出るのを見ない？って。一瞬みんな私の言葉が理解できなくて、その後一斉に後ろに引っくり返ったのよ。畳の部屋でほんとよかったわ」

私には、なぜみんなが引っくり返ったのかが理解できません。

「あら、どうして③それがおかしいわけ。あなた何も間違ったこと言ってないじゃないの」

(中略)

「やっぱりママもそうなんだ。（ ④ ）。ね、わかった？」

「あっ、そうだわ。太陽は東から昇って西に沈むんだものね」

ようやく私も納得。

(黒柳朝『トットちゃんと私』による)

(注1) 声が弾む：普段とは違う、うれしそうな声の調子になる。

(注2) 相槌を打つ：人の話を聞きながら、「はい」「ええ」などと言って調子を合わせる。

（注3）　ワクワクしながら：期待しながら。

（注4）　有志：あることに関心を持ち、一緒に何かをしようとしている人。

（注5）　固唾をのむ：どうなるかと緊張しながら見守る。

（注6）　〜にかなう：〜と同じくらいすばらしい。

（注7）　好奇心：珍しい物事に対する興味や関心。

（注8）　雑魚寝：狭い場所でおおぜいの人が一緒に寝ること。

1　①「さあ、時間だ!」とあるが、何の時間か。

　1　散歩に行く時間。　　　　　　2　旅館に入る時間。

　3　太陽が沈む時間。　　　　　　4　部屋で寝る時聞。

2　ここで②「好奇心」を持ったのはだれか。

　1　ママ。　　　　　　　　　　　2　徹子。

　3　旅館の人。　　　　　　　　　4　いっしょに行った有志の人。

3　③「それ」は何を指すか。

　1　畳の部屋で引っくり返ること。

　2　旅館の部屋で雑魚寝すること。

　3　みんなが自分の言葉を理解してくれないこと。

　4　翌日、同じところで太陽が出るのを見ること。

4　（　④　）に入る最も適当なものはどれか。

　1　太陽が沈むのも太陽が昇るのも同じくらい美しいのよ。

　2　太陽が沈んだ場所で、太陽が昇るのを待ってもダメなのよ。

　3　太陽が沈むのは見られたけど、太陽が昇るまで待てないのよ。

　4　太陽が沈んだ場所から太陽が昇るのを見ても美しくないのよ。

（二）

次の文章は、ある講演の記録である。

　部屋があって、テーブルの上にロウソクがあります（図1）。ほかにはマッチがあります。そして画鋲 (注1) が箱の中にいくつか入っています。部屋に中に壁がある。問題は、このテーブルの上にある道具を使って、ロウソクを地面に垂直になるように壁に立てるというものです。要するに、ロウソクで部屋をともしたいんです。壁にロウソクを付けて部屋が明るくなるようにしたい。どうすればいいでしょうかという問題です。けっこうむずかしいですよね。（少し時間をとって、考えてもらう。）

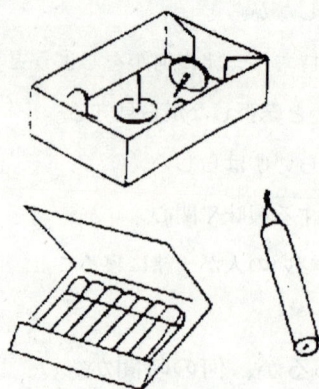

図1　ロウソク問題

　答えなんですが、まず箱から画鋲を出してしまう。この箱を画鋲を使って壁に止める。そうすると水平の台になります。そこのロウをたらして (注2) ロソウクを立てる。①これが正解 (注3) です（図2）。私はすごく感心したんです。自分では思いつかなかったので、なるほどなと思いました。②もっとおもしろい実験結果は、もともとこの箱に画鋲を入れずに、外に出してバラバラにして (注4) おいて被験者 (注5) に出題した (注6) ほうが早く解決されるということです。画鋲が箱の中に入っているとなかなか解決ができないというんです。それはなぜだと思いますか。

　私たちは、画鋲が箱の中に入っていると、「箱というのは画鋲の入れ物なんだ」というふうに考えますよね。入れ物としての機能を持っていると考えると、それを台にするというアイディアはなかなか思い浮かばないんじゃないでしょうか。入れ物としてではなく、単に一つ箱がポンと (注7) 置いてあると、これを台にするという考えが浮かびやすい。

　（　ア　）という私たちがもともともっている知識、つまり固定観念が、かえって問題解決を妨げてしまうんです。箱というのは、入れ物にもなるけれども、台としても使えるというようなことに思い至らない。そういう例として出されている実験です。

（市川伸一『心理学から学習をみなおす』　岩波高校生セミナーによる）

（注1）画鋲：板や壁に紙などを止める小さなピン。

（注2）たらす：少しずつ下に落とす。

（注3）正解：正しい答え。

（注4）バラバラにする：一つにまとめないで、別々に分ける。

（注5）被験者：試験を受ける人。

（注6）出題する：問題を出す。

（注7）ポンと：軽く投げて置いたよう。

5 ① 「これが正解です（図2）」とあるが、その図はどれか。

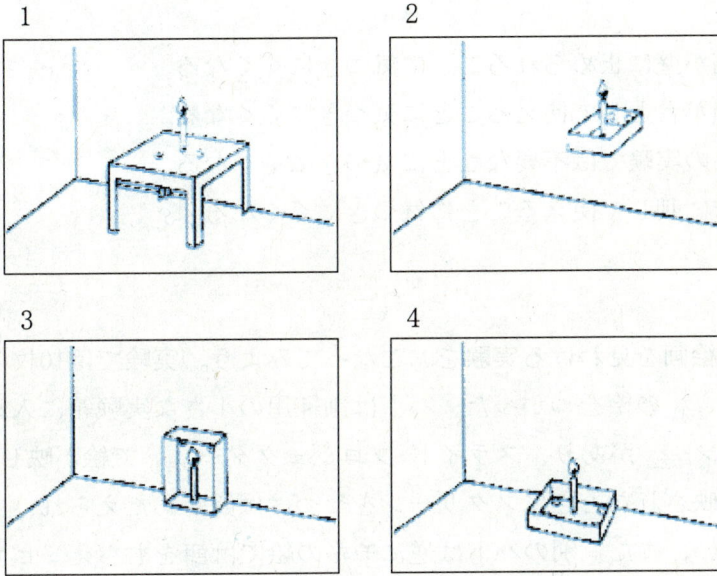

6 ② 「もっとおもしろい実験結果」とあるが、どのような条件で実験するのか。

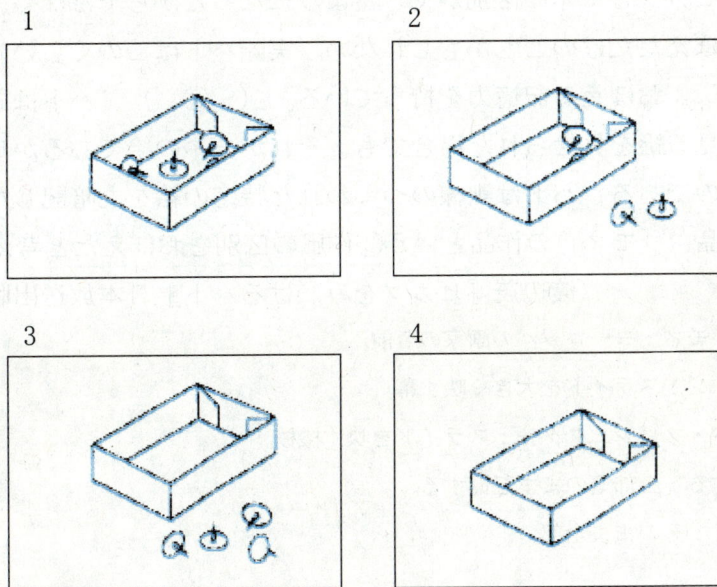

7 （　ア　）に入れるのに適当な言葉はどれか。

1 「箱というのは入れ物なんだ」
2 「箱というのは台として使えるんだ」
3 「画鋲（がびょう）というのは箱を止められるんだ」
4 「ロウソクで部屋を明るくできるんだ」

8 ロウソクな問題で、画鋲が箱の中に入っていることは被験者にどのように影響するのか。

1 画鋲で箱が壁に止められることに気づきにくくなる。

2 画鋲の箱が台として使えることに気づきにくくなる。

3 画鋲がこの実験では不要なことに気づきにくくなる。

4 画鋲を床に刺して使えることに気づきにくくなる。

（三）

　ハトを使って絵画を見わける実験をおこなってみよう。実験では10枚のピカソ (注1) の絵と10枚のモネ (注1) の絵をつかった。ハトは訓練用の小さな実験箱に入れられる。実験箱にはスクリーン (注2) があり、スライド・プロジェクター (注3) で絵が映しだされる。

　ピカソの絵が映されたときにスクリーンをつつけば餌があたえられ、モネの絵の時には餌がもらえない。また、別のハトは逆にモネの絵では餌をもらえ、ピカソの絵ではもらえないという訓練をうける。ハトはおよそ20日間程度の訓練で①この区別ができるようになる。ハトはモネの絵とピカソの絵がわかるようになったのだろうか。

　これはハトがピカソとモネの区別ができるようになったからではなく、20枚の絵を丸暗記して (注4) おぼえただけのことかもしれない。実際ハトはこのくらいの数の意味のない図をまるごと (注5) おぼえる記憶力を持っている。（ ② ）、ハトは訓練につかわなかった、初めて見る絵を見せられた場合でも、それがモネの絵であるかピカソの絵であるかを区別したのである。ハトは訓練のつかわれた特定の絵を丸暗記したのではなく、「ピカソ」の作品、「モネ」の作品という③作風の区別をおぼえたと考えられる。

（渡辺茂『ピカソをみわけるハト』日本放送出版協会による）

（注1）ピカソ、モネ：ヨーロッパの画家の名前。

（注2）スクリーン：スライドを大きく映す幕。

（注3）スライド・プロジェクター：スライドを映す機械。

（注4）丸暗記する：全部そのまま記憶する。

（注5）まるごと：そのまま全部。

9 筆者は実験の使ったハトにどのように絵を見せたのか。

1 ピカソの絵を見せるハトとモネの絵を見せるハトとに分けた。

2 全部のハトにピカソとモネの両方の絵を見せた。

3 全部のハトにピカソの描いた絵だけを見せた。

4 全部のハトにモネの描いた絵だけを見せた。

10 ハトがどのようなことをした場合に、①「この区別ができる」と筆者は判断したのか。

1　餌がもらえる絵を見たとき、スクリーンをつついた場合。

2　餌がもらえない絵を見たとき、スクリーンをつついた場合。

3　ピカソとモネの絵を見ても、スクリーンをつつかなかった場合。

4　ピカソとモネの両方の絵を見たとき、スクリーンをつついた場合。

11 （　②　）に入る言葉は次のどれか。

1　それから　　　　2　もちろん　　　　3　しかし　　　　4　一方

12 ③「作風の区別をおぼえた」とあるが、どのようなことか。

1　始めてみた場合でも、ピカソとハトの絵がすぐおぼえられるようになった。

2　ピカソとモネの絵を10枚ずつおぼえて、その区別ができるようになった。

3　ピカソやモネの絵とほかの画家が描いた絵を区別できるようになった。

4　ピカソの絵の特徴とモネの絵の特徴が区別できるようになった。

（四）

「お母さん、もう少し大人になりな (注1)、お父さんくらいに」私の背中に6歳の息子が言った。自転車の後ろに乗せ、幼稚園に向かう途中のことだった。ドキッとした。確かに私は一日中、3人の子どもに片づけをし (注2) なさいとか、宿題をやってしまいなさいとかうるさい。頭に来ると子どもと同等 (注3) になってけんかをしている。それに比べ夫はその様子を少し離れて見ていてたまに口出し (注4) するくらいで大人なのだ。

それにしても幼稚園児 (注5) の言うことにしては立派過ぎる。「大人って?」と聞いてみた。

すると、後ろから私の体に手を回して「ほら、お母さんこんなに小さいよ。もっと大人になってお父さんくらい大きくなって!」な一んだ体の大きさのことだったんだ。

私は「大人だって小さい人はいるよ。ほら、おばあちゃんなんて大人なのにお母さんより小さいよ」と投げかけた。

「あのね、おばあちゃんはぼくが生まれる前、大人だったんだよ、でもね、今はおばあちゃんになって縮んだの」。①う一んなるほど。

初めは「大人になりな」なんて言われて反省し、次はおばあちゃんを大切にしなければと考えさせられた。

幼稚園に着いた。息子は手を振り、門をくぐって (注6) 行く。②後ろ姿がいつもより大人びて (注7) 見えた。

（2001年11月3日付『朝日新聞』による）

（注1）なりな：なりなさい。

（注2）片づけをする：片づける。

（注3） 同等：同じ程度。

（注4） 口出し：他の人の話に横から何か言うこと。

（注5） （幼稚園）児：（幼稚園の）児童。

（注6） くぐる：下を通って抜ける。

（注7） 大人びて：大人のように。

13 筆者は最初「大人になりな」という言葉をどのような意味だと思ったか。

1 子どもに対して立派なことを言って、子どもに尊敬されるようにという意味。

2 子どものようにすぐ感情を表さないで、常に冷静でいるようにという意味。

3 子どもと同等の立場で、子どもの気持ちをよく理解するようにという意味。

4 自分の意見を持って、子どもの行動によく口出しするようにという意味。

14 この子どもは「大人」ということをどのようにとらえているか。

1 子どもを持っている人は大人で、子どもを持っていない人は大人ではない。

2 孫を持っている人は大人で、孫を持っていない人は大人ではない。

3 子どもは必ず大人になるが、中には体の小さい大人もいる。

4 体が大きい人は大人で、体が小さい人は大人ではない。

15 ①「うーんなるほど」とあるが、このとき筆者はどんなことを考えたか。

1 年をとって小さくなったおばあちゃんを大事にしようと思った。

2 息子も大人の会話ができるようになったと思った。

3 自分ももっと大人になったほうがいいと思った。

4 自分より夫の方が大人だと思った。

16 ②「後ろ姿がいつもより大人びて見えた」とあるが、なぜそう見えたのか。

1 子どもの言葉によって、いろいろ考えさせられたから。

2 子どもが一人で手を振りながら歩いて行ったから。

3 子どもなのに大人のような口の聞き方をしたから。

4 子どもがおばあちゃんの心配をしているから。

正解：3 142 2312 2134 2411

精 解 专 栏

独家发布

（一）

1　正确答案是3。

太陽が沈む時間。（日落时间。）

该题目属于重点理解的问题。文章中的关键句是：「窓から太陽の沈む様子が、この世のものとは思えないほど美しいと評判の旅館があってね。それを見に、10人ぐらいの有志で出かけたわけ」「『この偉大な夕日にかなうものはこの世には何もない』なんて口々に言いながら」。通过关键句中女儿和妈妈说的话可以知道，这个时间是太阳落山的时间，由此可以推断出正确答案。在选项中：1是在白天看日落前散步，但是文中时间不是指散步时间；2文章中没有具体提出进入旅馆的时间；4文章中完全没有提到在房间睡觉的时间。

其他选项分别是
1　散歩に行く時間。/去散步的时间。
2　旅館に入る時間。/进入旅馆的时间。
4　部屋で寝る時間。/在房间睡觉的时间。

2　正确答案是1。

ママ。（妈妈。）

该题目属于总结性的问题。文章中的关键句是：「あまりの素晴らしさに胸打たれて、最後はもう、みんな声も出なくなっちゃったほどだったのね。そのとき突然私が言ったのよ。」「あら、何て言ったのよ。」从这两句关键句可以看出，女儿和妈妈说大家被美景打动，最后几乎说不出话来，在这个时候女儿突然说话，然后妈妈问女儿说什么了，所以可知引起好奇心的是妈妈，由此可以推断出正确答案。在选项中：2应该是妈妈听到徹子的话后引起好奇心，而不是徹子；3与文章内容无关；4这段对话是徹子和妈妈的对话，和与徹子同行的人无关。

其他选项分别是
2　徹子。/徹子。
3　旅館の人。/旅馆的人。
4　いっしょに行った有志の人。/一起去的志同道合的人。

3　正确答案是4。

翌日、同じところで太陽が出るのを見ること。（第二天在相同的地方看日出。）

该题目属于解释指示语的问题。文章中的关键句是：「ここで雑魚寝して、明日の朝、また太陽が出るのを見ない？って。一瞬みんな私の言葉が理解できなくて、…」从关键句可以看出，徹子提议今天在这挤挤睡，明早再看日出，由此可以推断出正确答案。在选项中：1是朋友们听完的徹子话的反应，而不是指代的内容；2不是真正的目的；3是朋友们的反应，也不是指代的内容。

其他选项分别是　　1　畳の部屋で引っくり返ること。/倒在榻榻米上。
　　　　　　　　　2　旅館の部屋で雑魚寝すること。/在旅馆房间里挤挤睡。
　　　　　　　　　3　みんなが自分の言葉を理解してくれないこと。/大家不能理解自己的话。

4　正确答案是2。

太陽が沈んだ場所で、太陽が昇るのを待ってもダメなのよ。（在太阳落山的地方等日出是徒劳的。）

该题目属于填空问题。文章中的关键句是：「『あっ、そうだわ。太陽は東から昇って西に沈むんだものね』。ようやく私も納得。」从妈妈后面的话可以知道，太阳东升西落，在日落的地方是看不到日出的，由此可以推断出正确答案。在选项中：1是徹子原本的想法，但不是大家转过去的真正原因；3与文章内容不符，文章主要强调在日落的地方看不到日出；4文章没有提及日落的地方看日出不美，而是根本看不到日出。

其他选项分别是　　1　太陽が沈むのも太陽が昇るのも同じくらい美しいのよ。/日落和日出同样美丽。
　　　　　　　　　3　太陽が沈むのは見られたけど、太陽が昇るまで待てないのよ。/能看到日落，可是等不到日出。
　　　　　　　　　4　太陽が沈んだ場所から太陽が昇るのを見ても美しくないのよ。/在日落的地方看日出不美。

（二）

5　正确答案是2。

该题目属于重点理解的问题。文章中的关键句是：「問題は、このテーブルの上にある道具を使って、ロウソクを地面に垂直になるように壁に立てるというものです。」「答えなんですが、まず箱から画鋲を出してしまう。この箱を画鋲を使って壁に止め

る。そうすると水平の台になります。そこのロウをたらしてロソウクを立てる。」通过关键句可以知道，问题的要求是利用桌上的道具，让蜡烛与地面垂直，并且立在墙面上。由此可以推断出正确答案。在选项中：1用到了桌子，而桌子不属于三个工具中；3蜡烛没有立在墙上，而且蜡烛会燃烧火柴盒；4蜡烛也没有立在墙上。

6 正确答案是3。

该题目属于重点理解的问题。文章中的关键句是：「もともとこの箱に画鋲を入れずに、外に出してバラバラにしておいて被験者に出題したほうが早く解決されるということです。」从关键句可以看出，有意思的是：开始的时候盒子里不放图钉，而把图钉拿出来分散放着，这样解题者会很快做出解答，由此可以推断出正确答案。在选项中：1图钉还在盒子里面；2图钉没有完全在盒子外；4没有图钉，体现不出图钉和盒子的关系。

7 正确答案是1。

「箱というのは入れ物なんだ」（"箱子是一个容器"。）

该题目属于填空类的问题。文章中的关键句是：「私たちは、画鋲が箱の中に入っていると、『箱というのは画鋲の入れ物なんだ』というふうに考えますよね。」从关键句可以看出，因为图钉在箱子里，所以我们认为箱子是容器，由此可以推断出正确答案。在选项中：2这个是解题时候发现的，不是原本的想法；3也不是我们原本的想法，而是一个阻碍；4与文章内容不符。

其他选项分别是
2 「箱というのは台として使えるんだ」/ "把箱子做台面使用"。
3 「画鋲というのは箱を止められるんだ」/ "图钉是用于固定箱子的"。
4 「ロウソクで部屋を明るくできるんだ」/ "用蜡烛照明房间"。

8 正确答案是2。

画鋲の箱が台として使えることに気づきにくくなる。（很难注意到放图钉的盒子也可以作为平台使用。）

该题目属于文章主题类问题。文章中的关键句是：「箱というのは、入れ物にもなるけれども、台としても使えるというようなことに思い至らない。」从关键句可以看出，箱子是一个容器，但是我们却很少能想到它也可以作为一个平台使用，由此可以推断出正确答案。在选项中：1文章没有提及；3与文章内容不符，和图钉的关系不大，主要是没有认清箱子的作用；4文章没有提及图钉是用于钉地板的。

其他选项分别是

1　画鋲で箱が壁<ruby>壁<rt>かべ</rt></ruby>に止められることに気づきにくくなる。/很难注意到图钉可以把箱子钉在墙上。

3　画鋲がこの実験では不要なことに気づきにくくなる。/很难注意到在这个实验中图钉是没有必要的。

4　画鋲を床に刺して使えることに気づきにくくなる。/很难注意到图钉可以用于钉地板。

（三）

9　正确答案是2。

全部のハトにピカソとモネの両方の絵を見せた。（给全部的鸽子看毕加索和莫奈的画。）

该题目属于重点理解的问题。文章中的关键句是：「ハトを使って絵画を見わける実験をおこなってみよう。実験では10枚のピカソの絵と10枚のモネの絵をつかった。ハトは訓練用の小さな実験箱に入れられる。」通过关键句可以知道，这个实验是用全部的鸽子让他们分别看毕加索和莫奈的画，由此可以推断出正确答案。在选项中：1文章中没有说把鸽子分开；3比较片面，文章之意是两种画都给鸽子看；4比较片面，同3。

其他选项分别是

1　ピカソの絵を見せるハトとモネの絵を見せるハトとに分けた。/把看毕加索画的鸽子和看莫奈画的鸽子分开。

3　全部のハトにピカソの描いた絵だけを見せた。/让全部的鸽子只看毕加索的画。

4　全部のハトにモネの描いた絵だけを見せた。/让全部的鸽子只看莫奈的画。

10　正确答案是1。

餌がもらえる絵を見たとき、スクリーンをつついた場合。（看到能得到食物的画时会啄屏幕。）

该题目属于作者主张的问题。文章中的关键句是：「ピカソの絵が映されたときにスクリーンをつつけば餌があたえられ、モネの絵の時には餌がもらえない。また、別のハトは逆にモネの絵では餌をもらえ、ピカソの絵ではもらえないという訓練をうける。」从关键句可以看出，这个实验要训练鸽子记住可以吃到食物的画，看到了就啄屏幕，由此可以推断出正确答案。在选项中：2与文章内容相悖；3与文章内容相反，是要训练看到可以给食物的画啄屏幕，而不是不啄屏幕；4不是看到两者的画都啄屏幕。

其他选项分别是　2　餌がもらえない絵を見たとき、スクリーンをつついた場合。/看到不给食物的画时，啄屏幕。

　　　　　　　　　3　ピカソとモネの絵を見ても、スクリーンをつつかなかった場合。/即使看到毕加索和莫奈的画，也不啄屏幕。

　　　　　　　　　4　ピカソとモネの両方の絵を見たとき、スクリーンをつついた場合。/毕加索和莫奈的画都看到的时候，啄屏幕。

11　正确答案是3。

　　しかし。（但是。）

　　该题目属于填空类的问题。文章中的关键句是：「実際ハトはこのくらいの数の意味のない図をまるごとおぼえる記憶力を持っている。」「ハトは訓練につかわなかった、初めて見る絵を見せられた場合でも、それがモネの絵であるかピカソの絵であるかを区別したのである。」从关键句可以看出，前后文属于转折关系，前文说鸽子只是死记硬背这些画，后文说鸽子即使第一次见到的画也能区分出是莫奈的画还是毕加索的画，由此可以推断正确答案。在选项中：1表示并列；2表示理所当然；4表示对比。

其他选项分别是　1　それから/然后
　　　　　　　　　2　もちろん/当然
　　　　　　　　　4　一方/一方面

12　正确答案是4。

　　ピカソの絵の特徴とモネの絵の特徴が区別できるようになった。（可以区分出来毕加索和莫奈的画的特征。）

　　该题目属于重点理解类的问题。文章中的关键句是：「ハトは訓練につかわなかった、初めて見る絵を見せられた場合でも、それがモネの絵であるかピカソの絵であるかを区別したのである。」从关键句可以看出，是让鸽子记住毕加索和莫奈的画的特征，从而区别他们的创作风格，由此可以推断出正确答案。在选项中：1第一次见到是不可能识别的，都是通过训练的；2主要是让鸽子记住两者画的特征；3文章中没有提到其他画家的画。

其他选项分别是　1　始めてみた場合でも、ピカソとハトの絵がすぐおぼえられるようになった。/即使是第一次见，也能马上记住毕加索和莫奈的画。

　　　　　　　　　2　ピカソとモネの絵を10枚ずつおぼえて、その区別ができるようになった。/记住毕加索和莫奈的画各十张，能区别出来。

　　　　　　　　　3　ピカソやモネの絵とほかの画家が描いた絵を区別できるようになった。/能够区别毕加索，莫奈和其他画家的画。

（四）

13 正确答案是 2。

子どものようにすぐ感情を表さないで、常に冷静でいるようにという意味。（不像孩子那样马上把情绪表现出来，要时常冷静沉着。）

该题目属于作者主张类的问题。文章中的关键句是：「それに比べ夫はその様子を少し離れて見ていてたまに口出しするくらいで大人なのだ。」通过关键句可以看出，与作者相比她的丈夫更加沉着，像个大人，所以孩子说想变成爸爸，由此可以推断出正确答案。在选项中：1文章没有提及和孩子讲很出彩的话；3文章中没有提及理解孩子心情；4与文章内容相悖，爸爸不爱插嘴。

其他选项分别是
1　子どもに対して立派なことを言って、子どもに尊敬されるようにという意味。/对孩子说很出彩的话、被孩子尊重的意思。
3　子どもと同等の立場で、子どもの気持ちをよく理解するようにという意味。/和孩子是同一立场、理解孩子心情的意思。
4　自分の意見を持って、子どもの行動によく口出しするようにという意味。/有自己的见解、对于孩子的行为经常插嘴的意思。

14 正确答案是 4。

体が大きい人は大人で、体が小さい人は大人ではない。（体型大的人是大人，体型小的人不是大人。）

该题目属于重点理解的问题。文章中的关键句是：「『ほら、お母さんこんなに小さいよ。もっと大人になってお父さんくらい大きくなって!』なーんだ体の大きさのことだったんだ。」从这两句关键句可以看出，孩子认为妈妈的体型小，而爸爸的体型大，而体型大的人才是大人，由此可以推断出正确答案。在选项中：1文章没有提及，不是爸爸妈妈的区别；2文章没有提及有无孙子的区别；3孩子认为体型大的人是大人，体型小的大人不是大人，所以没有体型小的大人。

其他选项分别是
1　子どもを持っている人は大人で、子どもを持っていない人は大人ではない。/有孩子的人是大人，没有孩子的人不是大人。
2　孫を持っている人は大人で、孫を持っていない人は大人ではない。/有孙子的人是大人，没有孙子的人不是大人。
3　子どもは必ず大人になるが、中には体の小さい大人もいる。/孩子一定会成为大人，可是也有体型小的大人。

15　正确答案是1。

年をとって小さくなったおばあちゃんを大事にしようと思った。（想要爱护上岁数了的身材缩小的奶奶。）

该题目属于作者主张类的问题。文章中的关键句是：「あのね、おばあちゃんはぼくが生まれる前、大人だったんだよ、でもね、今はおばあちゃんになって縮んだの」。「初めは『大人になりな』なんて言われて反省し、次はおばあちゃんを大切にしなければと考えさせられた。」从孩子的话中可以看出，孩子认为奶奶是大人只是身材缩小了，从而让作者反省以后一定要珍惜奶奶，由此可以推断出正确答案。在选项中：2文章没有提及儿子也可以聊大人的话题，他只是想成为大人；3这个不是作者最想反省的；4是孩子的观点，不是作者的观点。

其他选项分别是　2　息子も大人の会話ができるようになったと思った。/儿子也开始谈论大人的话题。

3　自分ももっと大人になったほうがいいと思った。/认为自己也要变得更像大人为好。

4　自分より夫の方が大人だと思った。/认为与自己相比丈夫更像大人。

16　正确答案是1。

子どもの言葉によって、いろいろ考えさせられたから（因为通过孩子的话让自己反思。）

该题目属于询问原因理由类的问题。文章中的关键句是：「初めは『大人になりな』なんて言われて反省し、次はおばあちゃんを大切にしなければと考えさせられた。」通过关键句可以看出，听了孩子的话开始反省，由此可以推断出正确答案。在选项中：2只是表面的表现，不是真正的原因；3孩子没有用大人的口气问话，只是想成为大人；4孩子没有担心奶奶，而是觉得奶奶也是大人，只是身材缩小了。

其他选项分别是　2　子どもが一人で手を振りながら歩いて行ったから。/因为孩子一个人一边挥手一边走去。

3　子どもなのに大人のような口の聞き方をしたから。/因为孩子竟然用大人的口气问话。

4　子どもがおばあちゃんの心配をしているから。/因为孩子担心奶奶。

模 拟 考 场

限时：12分钟

問題6　つぎの文章を読んで、質問に答えなさい。答えは1・2・3・4から最もよいもの
を一つ選びなさい。

17才の高校生です。人間関係のことについて相談します。

私は嫌われているのではないかと思うと、①そう思っていそうな相手から何とかして
好かれたいと考えてしまいます。男性にも女性にも、大して自分が関心をもっていない
人に対しても、②そう思うのです。

このため、その相手ともっとコミュニケーションをとろうとして③しつこくなってし
まったり、思ってもいないことを言ったりしてしまいます。

いつも同じことを繰り返しては、その度に後悔し(注1)、最近では考え込むことが多く
なりました。

性格は明るくて、友達も多い方ですが、中学時代に友人に少し仲間はずれにされたこ
とがあり、それでずっと悩んできました。みんなに好かれようとするのは、④そのせい
かもしれません。

こんな「マイナス思考(注2)」の考え方を変えるにはどうすればいいのでしょうか。

（東京・Ａ子）

（藤原正彦『藤原正彦の人生案内』による）

(注1) 後悔する：悔やむ。

(注2) マイナス思考：悪い方へ考えること。

34 ①「そう思っていそうな相手」とはどう思っていそうな人か。

1　私を嫌っていない。　　　　2　私が嫌っていない。

3　私を嫌っている。　　　　　4　私が嫌っている。

35 ②「そう思う」とはどう思うのか。

1　相手に好かれたい。　　　　2　相手を好きになりたい。

3　相手に関心を持ちたい。　　4　相手にしつこくしたい。

36 筆者はなぜ③「しつこくなってしまったり、思ってもいないことを言ったりして」
しまうのか。

1　自分は性格が明るく、友達も多い方だと思っているから。

2　同じことを繰り返しては後悔し、考え込んでしまうから。

3　何とかして好かれたいと思って、もっと話をしようとするから。

4　人間関係について、だれかに相談しようと思っているから。

37 筆者が④「そのせい」と考えていることはどのようなことか。

1　性格が明るく、友達も多い方だということ。

2　関心をもっていない人からも好かれようとすること。

3　もっと話をしようとして、しつこくなってしまうこと。

4　仲間はずれにされたことをずっと悩んできたこと。

精 解 专 栏
独家发布

问题6-模拟考场

[34]　正确答案是3。

私を嫌っている。（讨厌我。）

该题目属于作者主张的问题。文章中的关键句是：「私は嫌われているのではないか
と思うと…」，如前文关键句所说，感觉自己被人讨厌，所以从他人的角度看就是讨厌
我，因此可以推断出正确选项。在选项中：1与文章内容相悖；2主语不是我，而是他人；
4同2主语应该是他人，我是讨厌的对象。

其他选项分别是　1　私を嫌っていない。/不讨厌我。
　　　　　　　　2　私が嫌っていない。/我不讨厌（他人）。
　　　　　　　　4　私が嫌っている。/我讨厌（他人）。

[35]　正确答案是1。

相手に好かれたい。（想得到对方喜欢。）

该题目属于作者主张的问题。文章中的关键句是：「そう思っていそうな相手から何
とかして好かれたいと考えてしまいます。」可以看出作者想办法让对方喜欢自己，所以
可以推断出正确选项。在选项中：2是想喜欢对方，主语混淆；3是想关心对方，主语也不
是对方；4想纠缠对方，主语也不对。

其他选项分别是　2　相手を好きになりたい。/想喜欢对方。
　　　　　　　　3　相手に関心を持ちたい。/想关心对方。
　　　　　　　　4　相手にしつこくしたい。/想纠缠对方。

[36]　正确答案是3。

何とかして好かれたいと思って、もっと話をしようとするから。（期待得到对方喜
欢，所以打算多聊天。）

该题目属于询问原因理由的问题。文章中的关键句是：「そう思っていそうな相手か
ら何とかして好かれたいと考えてしまいます。」从关键句可以看出，原因就是为了被对
方喜欢，所以可以推断出正确选项。在选项中：1是后文提到的，和本题无关；2是后面说

导致的结果，不是原因；4与本文无关，范围过大。

其他选项分别是　1　自分は性格が明るく、友達も多い方だと思っているから。/因为认为自己是性格开朗、朋友多的人。

2　同じことを繰り返しては後悔し、考え込んでしまうから。/因为经常重复相同的事情，很后悔，陷入沉思。

4　人間関係について、だれかに相談しようと思っているから。/因为想和别人讨论人际关系的事。

37　正确答案是4。

仲間はずれにされたことをずっと悩んできたこと。（一直懊恼自己不合群的性格。）

该题目属于作者主张类的问题。文章中的关键句是：「性格は明るくて、友達も多い方ですが、中学時代に友人に少し仲間はずれにされたことがあり、それでずっと悩んできました。」从关键句可以看出，原因是中学时代不合群，被同学疏远，所以一直很苦恼，由此可以推断出正确选项。在选项中：1不是苦恼的原因；2不是本段所说的内容，是前文的内容；3也不是本段叙述的重点。

其他选项分别是　1　性格が明るく、友達も多い方だということ。/性格开朗、朋友多的人。

2　関心をもっていない人からも好かれようとすること。/想要得到不关心自己的人的喜欢。

3　もっと話をしようとして、しつこくなってしまうこと。/打算多谈谈，结果变成（对对方）纠缠不休。

问题 7

信息检索
—— 答题关键

- 问题7是信息检索类文章的阅读。该题中涉及到的文章大多是通知、广告等常见应用文。每篇文章后面有两个问题，主要考查考生快速查找所需信息的能力。

- 该题型为改革后的新题型。

- 解题时可以先看文章后面的问题，然后再带着问题阅读文章。这样整体比较节省时间。

- 解体技巧：重点在于把握文章当中的关键要素，例如：时间、地点、人物、条件限制等。

- 此类文章一般句子较短，阅读时难度不大。

免 费 检 测

限时：6分钟

問題7　つぎの文章は、クラスで日本語を学ぶ人を募集するための案内である。これを
　　　　読んで、下の質問に答えなさい。答えは1・2 ・3・4から最もよいものを一つ選
　　　　びなさい。

　ユリナさんは、市民センターで日本語を勉強したいと考えています。できれば、漢
字も勉強したいと思っています。
　ユリナさんの仕事は8時から17時までで、お休みは毎週水曜日と日曜日です。

外国人のみなさん、日本語を勉強しませんか

●場所…市民センター
●先生…国際交流しよう市民の会
●申込方法…3月1日から4月5日までの間に、申込書に必要なことを書いて、市民セ
　　　　　　ンターに出してください。申込書は、市民センターにおいてありま
　　　　　　す。
●説明会…4月8日（日）の午前11時から市民センターで、説明会をします。
●期間…授業は4月10日（火）〜9月14日（金）です。
●費用…テキスト代だけ払ってください。
●時間割

クラス名	曜日	午前 （10時〜11時30分）	午後 （13時〜14時30分）	夜 （19時〜20時30分）
(1) 会話A	火			○
(2) 会話B	水		○	
(3) 日本語A	木			○
(4) 日本語B	金	○		
(5) 漢字A	土		○	
(6) 漢字B	日	○		

【注】

・ＡとＢの内容は同じです。

・「漢字」のクラスをとる人は、「日本語」のクラスもとってください。

38 ユリナさんが、とることのできるクラスはどれか。

1　(1) と (6)　　　　　　　　　2　(2) と (5)

3　(3) と (6)　　　　　　　　　4　(4) と (5)

39 ユリナさんは、何月何日までに申し込まなければならないか。

1　4月5日　　　　　　　　　　2　4月8日

3　4月10日　　　　　　　　　4　9月14日

精 解 专 栏

独家发布

38 正确答案是 3。

（3）と（6）（（3）和（6））。

该题目属于信息检索类问题。文章中的关键句是：「ユリナさんは、市民センターで日本語を勉強したいと考えています。できれば、漢字も勉強したいと思っています。」「ユリナさんの仕事は8時から17時までで、お休みは毎週水曜日と日曜日です。」（尤里娜想在市民中心学习日语，也想学汉字，她的工作时间是8点到17点，每周三和周日休息）。本题的选择要结合尤里娜自身的情况，首先尤里娜想学的科目是日语和汉字，不想学习会话，所以含有（1）（2）的选项，即选项1和2 可以先排除掉。又因为（3）和（4）、（5）和（6）都是重复的内容，所以要从选择（3）和（4）、（5）和（6）中各选一个。其次，从时间安排上，尤里娜是每周的周三和周日休息，其余的日期是晚上5点以后有时间，所以（3）（4）中选择（3），而（5）（6）中选择（6），由此可以推断中正确答案。在选项中：1的第一个错误是（1）是会话课，她不想学会话；2（2）是会话课，她不想学会话，（5）的时间和她上班时间冲突；4（4）（5）的时间都是她上班时间。

39 正确答案是 1。

4月5日（4月5日）。

该题目属于信息检索类问题。文章中的关键句是：「3月1日から4月5日までの間に、申込書に必要なことを書いて、市民センターに出してください。」（3月1日到4月5日之间，请写好申请书，提交到市民中心）。本题是关于课程的内容，可见参加学习班的人要在3月1日到4月5日这段时间提出申请，所以最后的提交期限是4月5日。由此可以推断出正确答案。在选项中：2是说明会时间；3是开课时间；4是课程结束时间。

魔鬼训练

（一）

目指せ！万博博士　とみちゃんと行く

上海万博日帰りツアー

※各出発日20名限定

ツアー代金　大人400元

　　　　　　子供350元

出発　5月・5日（水）9日（日）20（木）

　　　　23日（日）、29日（土）

参加者全員にとみちゃんオリジナルバッチをプレゼントします。

食事：なし　　　最小催行人員：15名

旅行代金に含まれるもの：往復団体送迎バス代、万博一日入場券

※　添乗員：添乗員は同行しませんが、日本語ガイドが同行します。

スケジュール

7:15　オークラ　花園飯店集会

7:30　オークラ　花園飯店出発　過去最大規模で開催される「上海万博」へバス車内
　　　　　　　　でとみちゃんの万博見学の注意事項を聞きます。

8:30－12:00　万博会場到着

　　　　　　団体チケットを受け取り入場

　　　　　　会場では、日本産業館ともう1つのパビリオンにご案内します。

12:00　解散　この後は園内をご自由に見学してください

17:30　万博会場集合

18:00　万博会場出発

1　上海万博日帰りツアーの内容と合っているのはどれですか。

　　1　出発者が20名未満の場合、この旅行は取りやめになる。

　　2　配った入場券は日本産業館しか見学できない。

　　3　一日中日本語添乗員が同行しお世話します。

　　4　この旅行の出発日は限定されている。

2 スケジュールの内容と合っているものはどれですか。
1 朝、出発する時間が早いので、バスの中で朝食をとることになっている。
2 午後の時間帯は自由見学で、日本産業館以外のところに行ってもいい。
3 12時を過ぎてからは、見学する場所が特にないので、家に帰ってもいい。
4 このツアー代金の中に、バス代、入場券と昼食代が含まれている。

(二)

ご　案　内

　2月4日（日）から2月6日（火）まで石田地域にて下水道工事を行います。

　工事は安全第一で実施いたします。工事期間中、住民の皆様にはご迷惑をかけることになりますがご理解とご協力をお願いします。

　なお、工事に伴って一部地域で車両規制がおこなわれます。規制地域、時間帯は別表の通りですが、ご協力よろしくお願いいたします。

×××市下水局

3 これは何の案内ですか。
1 工事の中止　　　　　　　　2 工事の予告
3 工事の安全　　　　　　　　4 工事の予算

4 文章の内容と合っているのはどれですか。
1 全部地域で車両規制がおこなわれます。
2 石田地域では路面工事を行います。
3 水道工事は3日間です。
4 車両規制がおこなわれるのは交通状況によってです。

(三)

外国人登録証の申請手続きの案内

手続き名：新規登録の申請
手続き対象者：外国人
提出時期：　1　入国の日から90日以内
　　　　　　2　出生、日本国籍離脱等の日から60日以内

> 提出方法：居住地の市区町村窓口において外国人登録申請書に記入の上、旅券および写真と共に提出してください。
>
> 手数料：手数料はかかりません
>
> 添付書類・部数：旅券・写真2枚（16歳未満の場合は不要）
>
> 申請書様式：外国人登録申請書（表裏）
>
> 　　　　　　申請には特殊用紙の使用が必要ですので、本様式は申請には使用できません。
>
> 記載要項、記載例：記載する際の注意事項および記載例は窓口で無料配布しております。
>
> 提出先：居住地の市区町村役場の担当窓口
>
> 受付時間：平日午前9時から同12時、午後1時から同4時
>
> 不服申立方法：なし

5 外国人登録証の申請提出時間について、正しいのはどれですか。

1. 外国人の場合、日本に入国した三ヶ月後から申請できる。
2. 日本国籍を離脱したものはいつでも申請できる。
3. 日本に到着してから三ヶ月以内に提出しなければならない。
4. 日本に三ヶ月以内滞在するものは申請できる。

6 表の内容と合っているものはどれですか。

1. 外国人登録証を申請する場合、特別な書類などは要らない。
2. 新規登録の場合、パスポートと写真2枚を提出しなければならない。
3. 外国人登録証を申請する時、手数料は要らないが、証を作るコスト費がかかる。
4. 市役所の勤務時間によって、平日の午後、申請できない場合もある。

（四）

> 田中さん
>
> 　明日は、取引先工場見学で一日留守にします。以下、引き続きをよろしくお願いします。
>
> 　　※支店長の人数確認、昼食のお弁当、飲み物の手配
> 　　　お弁当はいつもの店で。予算は一人当たり2000円。
> 　　※資料の印刷を総務部へ依頼
> 　　　出来上がりを「あさっての午後一」と指定してください。
> 　　※週報を作成する→業務部へ報告

数字が各部から上がってくるのに午前中いっぱいかかると思うので、お昼から戻ったらすぐこれに取りかかってください。

報告の締め切りは2時まで、時間厳守でお願いします。

※部長の海外出張の飛行機、ホテルの手配

明日は予約開始日です。この時期は込んでいるので、飛行機だけは朝一で予約してください。

佐藤

7　このメールを受け取った社員が明日の午後、初めにすることは何ですか。

1　週報を作成すること。

2　部長の海外出張の飛行機を予約すること。

3　資料の印刷を総務部へ依頼すること。

4　支店長会議の弁当と飲み物を手配すること。

8　メールの内容に合っているものはどれですか。

1　あさっての午後、田中さんは資料の印刷を総務部に頼む。

2　明日の午前、田中さんは週報を作成して業務部に提出する。

3　明日、田中さんは出勤してすぐ飛行機のチケットを予約する。

4　今日、田中さんはいつもの店で弁当を二つ頼む。

精 解 专 栏
独家发布

（一）

1 正确答案是4。

この旅行の出発日は限定されている。（旅行的出发日期是限定的。）

　　该题目属于信息检索类的问题。文章中的关键句是：「出発5月·5日（水）9日（日）20（木）23日（日）、29日（土）。」说明旅行出发日期是限定在以上这五天的。由此可以判断出正确答案。在选项中：1文中说最少成团人数是15人，所以如果出发者是20人的情况是可以成团的；2文中说所发的入场券是包括日本产业馆和另外一个展览馆的，所以不只是日本产业馆一个；3文中已经明确说明没有日语陪同员，只有日语导游。

其他选项分别是

1　出発者が20名未満の場合、この旅行は取りやめになる。/出发者未满20名，此次旅行取消。

2　配った入場券は日本産業館しか見学できない。/发放的入场券只可以参观日本产业馆。

3　一日中日本語添乗員が同行しお世話します。/全天都有日语陪同同行，并提供服务。

2 正确答案是2。

午後の時間帯は自由見学で、日本産業館以外のところに行ってもいい。（下午是自由参观，可以去日本产业馆以外的地方。）

　　该题目属于信息检索类的问题。文章中的关键句是：「12:00解散この後は園内をご自由に見学してください。」说明下午可以自由参观任何场馆。由此可以判断出正确答案。在选项中：1文章中没有提及在车上吃早餐；3中12点以后是自由参观时间，没说可以回家；4此次旅行不包括午餐费。

其他选项分别是

1　朝、出発する時間が早いので、バスの中で朝食をとることになっている。/因为早上出发得早，所以早餐决定在车上吃。

3　12時を過ぎてからは、見学する場所が特にないので、家に帰ってもいい。/12点以后，因为没有参观的场所，所以可以回家。

4　このツアー代金の中に、バス代、入場券と昼食代が含まれている。/此次旅行费中，包括车费、入场券和午餐费。

（二）

3　正确答案是2。

工事の予告（工程预告。）

该题目属于信息检索类的问题。文章中的关键句子是：「2月4日（日）から2月6日（火）まで石田地域にて下水道工事を行います。」从关键句可以看出，石田地区将进行自来水管道工程。由此可以判断出正确答案。在选项中：1文中没有说工程中止；3文中没有说工程安全；4文中没有说工程预算。

其他选项分别是

1　工事の中止/工程中止

3　工事の安全/工程安全

4　工事の予算/工程预算

4　正确答案是3。

水道工事は3日間です。（自来水管道工程历时3天。）

该题目属于信息检索类的问题。文章中的关键句是：「2月4日（日）から2月6日（火）まで石田地域にて下水道工事を行います。」说明从2月4日到2月6日三天时间。由此可以判断出正确答案。在选项中：1文章中没有提及全部地区都限制车辆；2不是进行路面工程；4不是因为交通状况才限制车辆。

其他选项分别是

1　全部地域で車両規制がおこなわれます。/全部地区进行车辆限制。

2　石田地域では路面工事を行います。/石田地区进行路面工程。

4　車両規制がおこなわれるのは交通状況によってです。/进行车辆限制是因为交通状况。

（三）

5 正确答案是1。

外国人の場合、日本に入国した三ヶ月後から申請できる。（外国人加入日本国籍三个月后可以申请。）

该题目属于信息检索类的问题。文章中的关键句是：「提出時期：1入国の日から90日以内。」从关键句可以看出，加入日本国籍90天后可以申请。由此可以判断出正确答案。在选项中：2文中说60天后可以申请，不是随时都可以；3文中没有说到达日本后3个月内必须申请；4文中没有说在日本后逗留3个月内的人可以申请。

其他选项分别是
2 日本国籍を離脱したものはいつでも申請できる。/脱离日本国籍的人随时可以申请。
3 日本に到着してから三ヶ月以内に提出しなければならない。/到达日本后3个月内必须申请。
4 日本に三ヶ月以内滞在するものは申請できる。/在日本逗留3个月以内的人可以申请。

6 正确答案是1。

外国人登録証を申請する場合、特別な書類などは要らない。（申请外国人登记证不需要特别的文件。）

该题目属于信息检索类的问题。文章中的关键句是：「提出方法：居住地の市区町村窓口において外国人登録申請書に記入の上、旅券および写真と共に提出してください。」从关键句可以看出，填写好外国人登录申请书后，提交护照和照片，没有提其他特殊文件。由此可以判断出正确答案。在选项中：2文章中说16岁以下申请者不需要提交照片；3文章中没有说需要制作证件的工本费；4按照市政府的上班时间规定，下午也可以申请。

其他选项分别是
2 新規登録の場合、パスポートと写真2枚を提出しなければならない。/新登录的情况，必须提交护照和两张照片。
3 外国人登録証を申請する時、手数料は要らないが、証を作るコスト費がかかる。/申请外国人登记证的时候，不需要手续费，但是需要制作证书的工本费。
4 市役所の勤務時間によって、平日の午後、申請できない場合もある。/按照市政府的上班时间规定，平常工作日下午有时候不可以申请。

（四）

7　正确答案是1。

週報を作成すること。（编辑周报。）

該题目属于信息检索类的问题。文章中的关键句是：「週報を作成する→業務部へ報告　数字が各部から上がってくるのに午前中いっぱいかかると思うので、お昼から戻ったらすぐこれに取りかかってください。」从关键句可以看出，中午回来第一件事就是制作周报，向事务部报告。由此可以判断出正确答案。在选项中：2是明早要做的第一件事；3是后天下午要做的第一件事；4分店长会议的便当和饮料没说具体准备时间。

其他选项分别是

2　部長の海外出張の飛行機を予約すること。/预约部长国外出差的机票。

3　資料の印刷を総務部へ依頼すること。/委托总务部复印资料。

4　支店長会議の弁当と飲み物を手配すること。/准备分店长会议的便当和饮料。

8　正确答案是3。

明日、田中さんは出勤してすぐ飛行機のチケットを予約する。（明天田中一上班马上预订机票。）

該题目属于信息检索类的问题。文章中的关键句是：「明日は予約開始日です。この時期は込んでいるので、飛行機だけは朝一で予約してください。」从关键句可以看出，在明天的所有工作安排中预订机票是早上需要做的第一件事。由此可以判断出正确答案。在选项中：1是叫总务部后天下午完成，而不是后天下午拜托总务部，拜托的时间是明天；2制作周报提交给总务部的时间是明天下午；4没有说预订两份便当，而且时间不是今天。

其他选项分别是

1　あさっての午後、田中さんは資料の印刷を総務部に頼む。/后天下午，田中先生拜托总务部复印资料。

2　明日の午前、田中さんは週報を作成して業務部に提出する。/明天上午，田中先生制作周报，提交给业务部。

4　今日、田中さんはいつもの店で弁当を二つ頼む。/今天，田中先生在经常去的店里预订两份便当。

模 拟 考 场

限时：6分钟

問題7　次の文章を読んで、下の質問に答えなさい。答えは1・2・3・4から最もよいものを一つ選びなさい。

（慶弔休暇）

第63条

　従業員が次の事由により休暇を申請した場合は、次の通り慶弔休暇を与える。

1) 本人が結婚したとき　（結婚式当日を含む）　　　　5日
2) 妻が出産したとき　　　　　　　　　　　　　　　2日
3) 配偶者、子又は父母が死亡したとき　　　　　　　7日
4) 兄弟姉妹、祖父母、配偶者の父母又は
　　兄弟姉妹が死亡したとき　　　　　　　　　　　　4日

（慶弔休暇と休日の競合）

第64条

　慶弔休暇の中途に休日が介入するときは、その休日を休暇の日数に通算する。但し、結婚休暇については、休日を休暇の日数に通算しない。

38 妻のお母さんは死亡するとき、どのぐらい休暇が取れますか。

　1　5日　　　　　　2　4日　　　　　　3　7日　　　　　　4　2日

39 もし、結婚休暇は金曜日から始まるとしたら、何曜日まで終わりますか。

　1　月曜日　　　　2　火曜日　　　　3　水曜日　　　　4　木曜日

38 正确答案是2。

4日（4天）。

该题目属于信息检索类的问题。文章中的关键句是：「兄弟姉妹、祖父母、配偶者の父母又は兄弟姉妹が死亡したとき4日」，从关键句可以看出，配偶的父母死亡可以休息4天。由此可以判断出正确答案。在选项中：1中5天是本人结婚的休息天数；3中7天是配偶、子女或父母死亡的休息天数；4中2天是妻子生产的休息天数。

39 正确答案是2。

火曜日（星期二）。

该题目属于信息检索类的问题。文章中的关键句子是：「1）本人が結婚したとき（結婚式当日を含む）5日」「但し、結婚休暇については、休日を休暇の日数に通算しない。」从关键句可以看出，规定本人结婚休息5天，但是后面又解释结婚休假不和节假日连休。由此可以判断出正确答案。

其他选项分别是　1　月曜日/星期一
　　　　　　　　3　水曜日/星期三
　　　　　　　　4　木曜日/星期四

模擬テスト（一）

限时：43分钟

問題4　つぎの（1）から（4）の文章を読んで、質問に答えなさい。答えは1・2・3・4
　　　　から最もよいものを一つ選びなさい。

（1）

　　日本には世界平均の約2倍近い雨が降っている。ところが、国の面積が小さく人口が
多いため、国民一人当たりの雨の量は世界平均の4分の1程度しかない。実際たくさんの
雨が降っても、日本には流れが急な川が多いので、その雨水はすぐに海へ流れ出てしま
う。また、雨は梅雨や台風の季節などに集中して降り、それ以外の時期はあまり降らな
いし、雨の量は地域によってもかなり差がある。このように考えると、（　　　）。日
本人は水をもっと大切な資源として使っていくべきなのではないだろうか。

24　（　　　）にはどんな文が入るか。
　　1　日本は決して水が豊かにある国だとは言えない。
　　2　日本は年間を通して降る雨の量が多い国だと言える。
　　3　日本は川などが多いので、水に恵まれていない国だとは言えない。
　　4　日本は地域による違いがあるが、全般的に雨の少ない国だと言える。

（2）

　　人間とは不思議なもので、年をとってもいろいろな新しいことを経験したいという気
持ちがある。例えば自分で茶わんを作ってみるとか、ピザ（注1）を焼いてみるとか、さま
ざまな新しい挑戦（注2）がある。

　　しかし、当然のことながら、それがうまくいくことは少ない。茶わんはぜんぜん丸く
作れないし、ピザはおいしくない。だが、それを恥ずかしく思う必要はないのだ。最初
からうまくできるなら、世の中のさまざまな学校や修業（注3）は必要ないことになる。初
めはうまくいかないのが当たり前なのだ。

　　それなのに、家族の者に「変な形」、「まずい」などと言われると、「もう二度と作ら
ない」と思ってしまう。初めての挑戦には、周りの人々の理解と応援も必要なようだ。

　　（注1）ピザ：イタリア料理の一つ。
　　（注2）挑戦：困難なことに立ち向かっていくこと。
　　（注3）修業：技術を習い、身につけること。

25 「新しい挑戦」とあるが、筆者はこれについてどう思っているか。

1 周りの人々に理解されない場合は、初めからやらないほうがいいと思う。

2 初めはうまくいかないのが当然なのだから、できなくても恥ずかしく思うことはない。

3 年をとってから新しいことに挑戦する場合は、周りの人々の応援があるので、うまくいくはずだ。

4 初めて挑戦することは、まず学校に行ったり一人で練習したりしてから、人の前でやったほうがいい。

(3)

初めてお便りいたします。私は、先日落とした運転免許証 (注1) を送っていただいた野川です。

ご親切に郵便にてお送りくださり、本当にありがとうございました。実は、落として3日ほどだった昨日の朝、免許証がないことに気がついて、あわてて交番に届けようとしていたところ、中山様からお手紙と一緒に免許証を受け取りました。うかがって、お礼を申し上げなければならないところですが、お手紙にて失礼させていただきます。

なお、わずかですが、お礼として図書券 (注2) を同封いたします (注3)。お好きな本でも買っていただければ幸いです。

(注1) ～証：証明する書類やカード。

(注2) 図書券：図書を買うための券。

(注3) 同封する：手紙の中にいっしょに入れる。

26 これは何についてのお礼の手紙か。

1 図書券を買って送ってくれたこと。

2 好きな本を買って、送ってくれたこと。

3 運転免許証を交番に届けてくれたこと。

4 拾った運転免許証を送ってくれたこと。

(4)

多くの老人達の死を目前にして、私は彼らの本当の望みを知ることができた。それは、彼らが（　①　）といって死にたい、ということだった。（　①　）…。それが何を意味しているのか。もちろん、看病してくれた家族への感謝もあるだろう。遠くからかけつけてくれた親族へのお礼もあるかもしれない。だが、本当に彼らがいいたいのは「ああ、いい人生だった」ということではないだろうか。

（フレディ松川『死に方の上手な人下手な人』による）

27 （　①　）に入る言葉として最も適当なものはどれか。

　　1　さようなら　　　2　よくできた　　　3　ありがとう　　　4　ごめんなさい

問題5　つぎの（1）と（2）の文章を読んで、質問に答えなさい。答えは1・2・3・4か
　　　　ら最もよいものを一つ選びなさい。

（1）

　フリーターがふるえている。200万人にちがい、ともいわれる。それでも①たいした
社会問題にならないのは、フリーターという呼び名だからである。けっして失業者とよ
ばれない。1999年現在、15歳から24歳までの男性の失業者は、10.3パーセントにも達し
ている。

　労働省の定義によれば、「フリーター」とは、15歳から34歳までのパートやアルバイ
トをしている男女、ということになる。つまり、34歳をすぎると、もうフリーターとは
よばれない。ただのパートかアルバイトである。女性の場合、フリーターといわれるの
は、独身者のことで、主婦になると、パートのおばさん、である。

　フリーターは、自分で就職せずに、気ままに (注1) はたらいて、自由を楽しんでいるよ
うにみえるが、実際のところは、うまく就職できないための、浪人暮らし (注2) がすくな
くない。それは失業率がたかくなると、フリーターが多くなることによっても、よく理
解できる。正社員に登用される (注3) かもしれない、と思って、一生懸命はたらいたが、
採用され (注4) なかった、というフリーターも多い。②これなどは、まちがいなく失業者
の部類にはいるひとである。

（鎌田慧『現代社会100面相』による）

（注1）気ままに：自分の思い通りに。

（注2）浪人暮らし：ここでは、失業中の状態。

（注3）正社員に登用する：正式な社員の地位に引き上げる。

（注4）採用する：雇う。

28 パートやアルバイトをしている人で「フリーター」とよばれるのは、次のうち、ど
　　のひとか。

　　1　25歳で結婚している男性。　　　　　2　25歳で結婚している女性。

　　3　40歳で独身の男性。　　　　　　　　4　40歳で独身の女性。

29 ①「だいした社会問題にならない」とあるが、なぜか。

　　1　フリーターは失業者だと思われていないから。

　　2　フリーターは労働者全体からみて数が少ないから。

　　3　フリーターというよび名がまだあまり知られていないから。

　　4　フリーターは自分の意志で自由を楽しんでいる人だから。

30 ②「これ」とあるが、何をさしているか。

1 自由を楽しんでいる浪人暮らしのフリーター。

2 正社員になりたいのに採用されないフリーター。

3 仕事があるのに自分で就職しないフリーター。

4 一生懸命はたらいて、正社員に登用されたフリーター。

(2)

　首都圏 (注1) 在住 (注2) で4〜9歳の子を持つお母さん500人を対象に実態 (注3) 調査をしたところ、子どもだちは年平均4．6回風邪をひき、10回以上をひく子が1割以上いることがわかった。

　「今の子どもは、あなたの子どものころと比べて、風邪をひきやすくなったと感じるか」という問いに対して半数以上が「今の子どもの方がひきやすい」と答え、原因として「外で遊ばなくなったから」「食生活の変化」「体力の減退」などを挙げた。子どもが風邪をひいた時の夫の対応 (注4) は、「協力的だ」が6割を超えた。夫に協力してほしいこととしては「早く帰宅して」「他の子どもの世話をして」「自分の身の回りのことは自分でして」という回答が多く、「看病してほしい」というのは1割ほど。父親には、看病する能力をあまり期待していないようだ。

（『サイアス』2000年3月号による）

（注1）首都圏：東京とその周辺の地域。

（注2）在住：そこに住んでいること。

（注3）実態：実際の状態。

（注4）対応：ここでは、それに対する態度のこと。

31 今の子どもの風邪をひく回数について、正しいものはどれか。

1 1年に1回風邪をひく。　　　2 1年に6回風邪をひく。

3 1年に10回程度風邪をひく。　　4 1年に4〜5回程度風邪をひく。

32 母親は、今の子どもについてどう思っているか。

1 風邪をひいたときでも外で遊びたがる。

2 自分の身の回りのことは自分でできる。

3 母親が子どもだったころより体力がある。

4 母親が子どもだったころより風邪をひきやすい。

33 子どもが風邪をひいたとき、多くの母親は、夫にどうしてほしいと考えているか。

1 自分自身のことは自分でしてほしい。

2 家族のために料理や家事をしてほしい。

3 風邪をひいた子どもの世話をしてほしい。

4 子どものことは心配しないで仕事をしてほしい。

問題6　つぎの文章を読んで、質問に答えなさい。答えは1・2・3・4から最もよいもの
　　　　を一つ選びなさい。

　部下 (注1) に対して、ほめた方がいいのか、叱った方がいいのか、心理学的に言って
どちらが効果的か、などと質問されることがある。部下の扱い方というものはなかなか
難しいので、心理学の知恵によって、よい方法を知りたいと思われるのであろう。ほめ
るとつけ上がる (注2)、叱るとシュンとして (注3) 何もしなくなる、一体どうしたらいいの
か、などと言われる人もある。

　心理学者で、①このような疑問を解くため実験をした人がある。グループを三つに分
けて、どれにも同じような単純な仕事を与え、終わった後で第1のグループは結果のい
かんにかかわらず (注4)、よくできたとほめる。第2のグループは全員に対して、もっと
できるはずだと思っていたのにと叱る。第3のグループは、ほめも叱りもしない。そう
して翌日はまた似たような課題 (注5) を与え、前日よりどの程度進歩したかを見る。そう
すると、二日目は叱ったグループが一番よく進歩し、次はほめたグループ、何も言わな
かったグループ、ということになる。

　ところが②面白いことに、これを続けてゆくと、ほめるグループは進歩の上昇 (注6)
率が高く、叱るグループを抜てしまうのである、人間は叱られると、一度は頑張るが、
あまり続くと——それでも上昇するのだが——上昇率はそれほどでもなくなる。何も言
われないグループは前二者に比べると上昇率は一番よくない。つまり、何も言わないの
に比べると、叱ってばかりいる方がまだまし (注7) だ、というわけである。

　この実験結果から、（③）と良いと結論するのは、少し性急 (注8) すぎるようである。
この実験は単純な課題に対して行なったので、課題の種類によっては結論が異なるかも
知れない。それに、この実験には、（④）、というグループは含まれていない。おそら
く、正解は「適切にほめ、適切に叱る」のが一番良いということになろうが、この適切に
というところが、実際にどうするのか誰しも (注9) 解らないのが困るところである。

　　　　　　　　　　　　　　　　　　　　　（河合隼雄「働きざかりの心理学」による）

（注1）部下：ある人の下に属し、その人の命令をうけて行動する人。
（注2）つけ上がる：本来の自分より優れていると思い込む。
（注3）シュンとする：元気をなくしてがっかりする。
（注4）結果のいかんにかかわらず：結果に関係なく。
（注5）課題：与えられた仕事。
（注6）上昇：上がること。
（注7）まだまし：どちらかというと、その方がいい。
（注8）性急：決めるのが早い。
（注9）誰しも：だれも。

34 ①「このような疑問」とあるが、どのような疑問か。

1 部下にどのような仕事をさせるのが適当かという疑問。

2 心理学の知恵によって部下の扱い方がわかるかという疑問。

3 心理学者は、部下をどのように叱っているのかという疑問。

4 部下は、ほめた方が効果的か叱った方が効果的かという疑問。

35 ②「面白いことに」とあるが、何を指して面白いと言っているか。

1 叱ったグループの方がほめたグループより進歩したこと。

2 叱ったグループもほめたグループも結果的には同じように進歩したこと。

3 何も言わなかったグループが三つのグループの中で一番進歩しなかったこと。

4 初めは叱ったグループが一番進歩したが、その後ほめたグループに抜かれたこと。

36 （③）に入る最も適当な言葉はどれか。

1 ほめてばかりいる。 　　　　2 叱ってばかりいる。

3 何も言わないでいる。 　　　4 ほめたり叱ったりしている。

37 （④）に入る最も適当な言葉はどれか。

1 いつも叱る。 　　　　　　　2 いつもほめる。

3 ほめたり叱ったり。 　　　　4 ほめも叱りもしない。

問題7　次の文章を読んで、下の質問に答えなさい。答えは1・2 ・3・4から最もよいものを一つ選びなさい。

私立学校公開いろいろな教室開催

　いろいろなことを学びたいと思っている皆さん、地元の学校で学んでみませんか。小倉市に住んでいる方、小倉市に勤めている方、小倉市に知り合いのいらっしゃる方、年齢、国籍、学歴を問いません。（義務教育中の学生は不可）

費用：中国語教室	授業料	2,500円/教材	500円
費用：花道教室	授業料	2,000円/教材	なし
費用：書道教室	授業料	3,000円/教材	500円
費用：パソコン教室	授業料	2,500円/教材	1,000円

森田高校　　中国語教室
中国語で読まれている料理の本をテキストに使い、中国の料理や食生活について中国語で学びます

川上高校　　花道教室

初めて花道をなさる方でも楽しく花道の基本が学べます。興味のある方ぜひご参加ください。

山下高校　　書道教室

書道好きなかたならどなたでも。書道の基本から丁寧に学びます。

小崎高校　　パソコン教室

初心者にわかりやすくインターネットやその活用の仕方を学びます。

38 授業料と材料費はいくらか。

1　授業料は花道教室は3，000円で、書道教室は2，000円で、それ以外は2，500円です。

2　授業料は花道教室は2，000円で、書道教室は3，000円で、それ以外は2，500円です。

3　教材費はパソコン教室は1，000円で、それ以外はなしです。

4　教材費は花道教室はなしで、それ以外は500円です。

39 案内の内容と同じものどれか。

1　中国語を使って料理を作る教室、始めて花道を始める人の教室、基礎から学べる書道教室、あまり慣れていない人のパソコン教室。

2　教材に中国語で書かれた料理の本を使う中国語教室、始めて花道を始める人の教室、基礎から学べる書道教室、あまり慣れていない人のパソコン教室。

3　中国語を使って料理を作る教室、始めて花道を始める人の教室、外国人の初心者書道教室、パソコンでホームページを作る教室。

4　教材に中国語で書かれた料理の本を使う中国語教室、始めて花道を始める人の教室、基礎から学べる書道教室、パソコンでホームページを作る教室。

精 解 专 栏
独家发布

問題4

24 正确答案是1。

日本は決して水が豊かにある国だとは言えない。（日本绝对不能称之为水资源丰富的国家。）

该题目属于填空类问题。解答该类题型需要了解前后文之间的意思，从中找出正确答案。解答该题的关键句是：「実際たくさんの雨が降っても、日本には流れが急な川が多いので、その雨水はすぐに海へ流れ出てしまう。また、雨は梅雨や台風の季節などに集中して降り、それ以外の時期はあまり降らないし、雨の量は地域によってもかなり差がある。」该句子表明，日本虽然降雨很多，可是河流多急川，雨水瞬间就流入大海。此外，降雨主要集中在梅雨和台风季节，其他季节几乎不降雨，降雨量根据地域不同也有很大差异。在选项中：2只是片面地表达了文章的意思，而且与后文意思连接不上；3与文章意思相矛盾；4与第一句日本降雨量是世界平均量的2倍相矛盾。

其他选项分别是

2 日本は年間を通して降る雨の量が多い国だと言える。/可以说日本是一年间降雨量较多的国家。

3 日本は川などが多いので、水に恵まれていない国だとは言えない。/因为日本有很多河流，所以不能说日本不是个降水量丰富的国家。

4 日本は地域による違いがあるが、全般的に雨の少ない国だと言える。/虽然根据地域不同有所不同，但可以说（日本）是个降雨量少的国家。

25 正确答案是2。

初めはうまくいかないのが当然なのだから、できなくても恥ずかしく思うことはない。（开始时做的不顺利是必然的，所以即使做不好也不要觉得害羞。）

该题目属于关键词意思理解类问题。解答该题的关键句是：「しかし、当然のことながら、それがうまくいくことは少ない」，从关键句可以看出作者认为新的挑战开始时就做得好的很少。在选项中：1的内容与文章内容相违背；3的表述与文章内容不符，文章

说初次挑战得到周围人的支持是必要的，但没有说得到支持就应该做得好；4文章中未表述。

其他选项分别是
1 周りの人々に理解されない場合は、初めからやちないほうがいいと思う。/如果得不到周围人的理解，我认为从开始就不做为好。
3 年をとってから新しいことに挑戦する場合は、周りの人々の応援があるので、うまくいくはずだ。/上了年纪才开始新的挑战，因为得到周围人的支持，所以应该做得好。
4 初めて挑戦することは、まず学校に行ったり一人で練習したりしてから、人の前でやったほうがいい。/初次挑战，先去学校学习或自己练习后，再在别人面前做为好。

26 正确答案是4。
拾った運転免許証を送ってくれたこと。（送还捡到的驾驶证的事。）
该题目属于询问文章主题类问题。解答该题的关键句是：「私は、先日落とした運転免許証を送っていただいた野川です。ご親切に郵便にてお送りくださり、本当にありがとうございました。」从关键句可知，这是丢失驾驶证的人给拾到驾照的人的信。在选项中：1与文章内容不符；2也与文章内容不符；3不是文章的重点。

其他选项分别是
1 図書券を買って送ってくれたこと。/帮买图书券并邮寄的事。
2 好きな本を買って、送ってくれたこと。/帮买喜欢的书，并邮寄的事。
3 運転免許証を交番に届けてくれたこと。/在派出所帮寄驾驶证的事。

27 正确答案是3。
ありがとう（谢谢）。
该题目属于填空类问题。解答该题的关键句是：「もちろん、看病してくれた家族への感謝もあるだろう。遠くからかけつけてくれた親族へのお礼もあるかもしれない。」从关键句可知，老人想表达对看病的家人的感谢之情，以及对从远道而来的亲戚的感激。在选项中：1的内容与文章内容不符；2的内容文章没有提及；4与文章意思不一致。

其他选项分别是
1 さようなら/再见
2 よくできた/做得很好
4 ごめんなさい/对不起

問題5

28 正确答案是1。

25歳で結婚している男性。（25岁已婚男性。）

该题目属于关键词理解类问题。解答该题的关键句是：「『フリーター』とは、15歳から34歳までのパートやアルバイトをしている男女、ということになる。」「女性の場合、フリーターといわれるのは、独身者のことで、主婦になると、パートのおばさん、である。」从关键句可知，自由职业者是指15岁到34岁做钟点工或者打工的男女，女性的话，必须是单身。所以可以知道正确选项是1。在选项中：2、3、4都不属于这个年龄范围。

其他选项分别是	2	25歳で結婚している女性。/25岁已婚女性。
	3	40歳で独身の男性。/40岁独身男性。
	4	40歳で独身の女性。/40岁独身女性。

29 正确答案是1。

フリーターは失業者だと思われていないから。（因为自由职业者不认为是失业者。）

该题目属于就画线句提问类问题，解答该类题型时一般从该关键词的前后句子中寻找正确答案。解答该题的关键句是：「フリーターという呼び名だからである。けっして失業者とよばれない。」（只被称之为自由职业者，绝对不叫失业者。）在选项中：2文章没有提到自由职业者数量少，而是说自由职业者比例很大；3文章中没有提及自由职业者不被人了解；4文章中没有说自由职业者享受自由。

其他选项分别是	2	フリーターは労働者全体からみて数が少ないから。/因为自由职业者占全体劳动者的数量少。
	3	フリーターというよび名がまだあまり知られていないから。/因为自由职业者这个称呼还不怎么被人了解。
	4	フリーターは自分の意志で自由を楽しんでいる人だから。/因为自由职业者在自己的意识中是享受自由的人。

30 正确答案是2。

正社員になりたいのに採用されないフリーター。（想成为正式员工可没被录用的自由职业者。）

该题目属于指示代词理解类问题。解答该题的关键句是：「正社員に登用されるかもしれない、と思って、一生懸命はたらいたが、採用されなかった、というフリーターも多い。」从关键句可知，「これ」是指上文这句话，大意是认为会被正式录用所以拼命努力工作，可是没有被录用的自由职业者有很多。在选项中：1文章中说只是表面看着享受

自由，其实是因为没有工作能力，而且这个也不是本题所指内容；3文章没有提及此类情况；4的内容与文章所表达的内容相反。

其他选项分别是	1	自由を楽しんでいる浪人暮らしのフリーター。/享受自由的自由职业者。
	3	仕事があるのに自分で就職しないフリーター。/有工作可是自己不做的自由职业者。
	4	一生懸命はたらいて、正社員に登用されたフリーター。/拼命努力工作，被正式录用的自由职业者。

31 正确答案是4。

1年に4～5回程度風邪をひく。（一年大约感冒4～5回。）

该题目属于重点理解类问题。解答该题的关键句是：「子どもだちは年平均4～6回風邪をひき、10回以上をひく子が1割以上いることがわかった。」从关键句中可知，孩子平均一年感冒4到6次，和选项4最贴近。在选项中：1、2、3都没有选项4更贴近正确答案。

其他选项分别是	1	1年に1回風邪をひく。/ 一年感冒1次。
	2	1年に6回風邪をひく。/一年感冒6次。
	3	1年に10回程度風邪をひく。/一年感冒10次左右。

32 正确答案是4。

母親が子どもだったころより風邪をひきやすい。（母亲认为现在的孩子比自己儿童时代更容易感冒。）

该题目属于关键句理解类问题。解答该题的关键句是：「『今の子どもは、あなたの子どものころと比べて、風邪をひきやすくなったと感じるか』という問いに対して半数以上が『今の子どもの方がひきやすい』と答え。」（在回答现在的孩子和自己儿童时代相比感觉更容易感冒的问题时，半数以上的母亲回答说现在的孩子更容易感冒。）在选项中：1是现在孩子容易感冒的原因，而不是回答本题的问题；2是对孩子父亲的期望，而不是母亲对待孩子的看法；3与文章内容正相反。

其他选项分别是	1	風邪をひいたときでも外で遊びたがる。/即使感冒的时候也想在外面玩。
	2	自分の身の回りのことは自分でできる。/自己身边的事自己做。
	3	母親が子どもだったころより体力がある。/母亲觉得比自己儿童时代体力好。

33　正确答案是1。

自分自身のことは自分でしてほしい。（自己的事希望他自己做。）

该题目属于重点内容理解类问题，解答该类题型需要掌握上下文之间的关系。解答该题的关键句是：「夫に協力してほしいこととしては『早く帰宅して』『他の子どもの世話をして』『自分の身の回りのことは自分でして』という回答が多く、『看病してほしい』というのは1割ほど。」（作为希望自己的丈夫协助的事，回答："早点回家"、"照顾其他的孩子"、"照顾好自己周围的事"的居多，回答"希望他照顾病人"的有一成左右。）在选项中：2文章中没有提及；3不是妻子最期待丈夫做的事；4文章中没有说希望丈夫不用担心孩子好好工作。

> 其他选项分别是
> 2　家族のために料理や家事をしてほしい。/为了家人做饭做家务。
> 3　風邪をひいた子どもの世話をしてほしい。/希望照顾感冒了的孩子。
> 4　子どものことは心配しないで仕事をしてほしい。/希望他不要担心孩子的事好好工作。

34　正确答案是4。

部下は、ほめた方が効果的か叱った方が効果的かという疑問。（表扬部下有效还是批评部下有效的疑问。）

该题目属于就画线部分提问类问题。解答该题的关键句是：「部下に対して、ほめた方がいいのか、叱った方がいいのか、心理学的に言ってどちらが効果的か、などと質問されることがある。」（有时会被问，对于部下，表扬为好，还是批评为好，哪个更有效果。）在选项中：1文章中没有提及；2与文章内容不符；3与文章内容违背。

> 其他选项分别是
> 1　部下にどのような仕事をさせるのが適当かという疑問。/让部下做什么工作合适的疑问。
> 2　心理学の知恵によって部下の扱い方がわかるかという疑問。/能否依据心理学的智慧了解对待部下的方式的疑问。
> 3　心理学者は、部下をどのように叱っているのかという疑問。/心理学者如何斥责部下的疑问。

35　正确答案是4。

初めは叱ったグループが一番進歩したが、その後ほめたグループに抜かれたこと。（最初批评的小组进步最快，但后来被表扬的小组超过了。）

　　该题目属于关键词语解释类问题，解答该题一般从前后文的句子中寻找正确答案。解答该题的关键句是：「二日目は叱ったグループが一番よく進歩し、次はほめたグループ、何も言わなかったグループ、ということになる。」「これを続けてゆくと、ほめるグループは進歩の上昇率が高く、叱るグループを拠てしまうのである。」从关键句可知，最初被批评的小组进步最快，其次是被表扬的小组，最后是什么都不说的小组，之后被表扬的小组进步最快，超过了被批评的小组。在选项中：1和2与文章内容不符；3虽然与文章内容相符，但不是有趣的事所指的内容。

其他选项分别是　　1　叱ったグループの方がほめたグループより進歩したこと。/批评的小组比表扬的小组进步快。

　　　　　　　　　2　叱ったグループもほめたグループも結果的には同じように進歩したこと。/批评的小组和表扬的小组结果都一样进步。

　　　　　　　　　3　何も言わなかったグループが三つのグループの中で一番進歩しなかったこと。/什么都没说的小组在三个小组中进步最慢。

36　正确答案是1。

　　ほめてばかりいる。（一味地表扬。）

　　该题目属于填空类问题，但解答该题时需要掌握全篇的结构。从上文的论述可以看出，持续表扬的小组进步最快，所以可以得出这样的结论：一直表扬就好。因此选项1是正确答案。

其他选项分别是　　2　叱ってばかりいる。/一味地批评。

　　　　　　　　　3　何も言わないでいる。/什么都不说。

　　　　　　　　　4　ほめたり叱ったりしている。/一会儿表扬一会儿批评。

37　正确答案是3。

　　ほめたり叱ったり。（一会儿表扬一会儿批评。）

　　该题目属于填空类问题，解答该题的关键是掌握文章的大意并对其进行归纳总结。做这样的题要结合上下文的意思来判断，文章上文已经说了三组分别为：一味被表扬的小组、一味被批评的小组和什么都不说的小组。并且下文出现了关键句：「おそらく、正解は『適切にほめ、適切に叱る』のが一番良いということになろうが。」综上可见，实验中没有包括的小组是一会儿被表扬一会儿被批评的小组。在选项中：1、2、4都与文章内容不符。

其他选项分别是
1 いつも叱る。/经常批评。
2 いつもほめる。/经常表扬。
4 ほめも叱りもしない。/不表扬也不批评。

38 正确答案是2。

授業料は花道教室は2，000円で、書道教室は3，000円で、それ以外は2，500円です。（授课费花道培训班为2000日元，书道培训班为3000日元，除此以外为2500日元。）

该题目属于信息检索类问题，解答该题的关键是看清每个培训班的收费标准，不要弄混。在选项中：1把花道和书道的授课费弄混了；3电脑培训班材料费是1000日元，其他汉语培训班和书道培训班教材费是500日元，而不是没有教材费；4花道培训班没有教材费，而电脑培训班的教材费是1000日元，而不都是500日元。

其他选项分别是
1 授業料は花道教室は3，000円で、書道教室は2，000円で、それ以外は2，500円です。/授课费花道培训班为3000日元，书道培训班为2000日元，除此以外为2500日元。
3 教材費はパソコン教室は1，000円で、それ以外はなしです。/教材费电脑培训班是1000日元，除此以外没有教材费。
4 教材費は花道教室はなしで、それ以外は500円です。/花道培训班没有教材费，除此以外教材费为500日元。

39 正确答案是2。

教材に中国語で書かれた料理の本を使う中国語教室、始めて花道を始める人の教室、基礎から学べる書道教室、あまり慣れていない人のパソコン教室。（使用用汉语书写的烹饪书的汉语培训班、针对初学者的花道培训班、从基础开始学起的书道培训班、针对初学者的计算机培训班。）

该题目属于综合理解类问题，解答该题需要掌握全文章的内容，最主要是认真读懂每个培训班的具体说明。在选项中：1对于汉语培训班的说明错误；3对于汉语、书道和计算机培训班的说明错误；4对于计算机培训班的说明错误。

其他选项分别是　1 中国語を使って料理を作る教室、始めて花道を始める人の教室、基礎から学べる書道教室、あまり慣れていない人のパソコン教室。/使用汉语教烹饪的培训班、针对初学者的花道培训班、从基础开始学起的书道培训班、针对初学者的计算机培训班。

3 中国語を使って料理を作る教室、始めて花道を始める人の教室、外国人の初心者書道教室、パソコンでホームページを作る教室。/使用汉语教烹饪的培训班、针对初学者的花道培训班、面向外国人初学者的书道培训班、制作网页的培训班。

4 教材に中国語で書かれた料理の本を使う中国語教室、始めて花道を始める人の教室、基礎から学べる書道教室、パソコンでホームページを作る教室。/使用用汉语书写的烹饪书的汉语培训班、针对初学者的花道培训班、从基础开始学起的书道培训班、制作网页的培训班。

模擬テスト（二）

限时：43分钟

問題4 つぎの（1）から（4）の文章を読んで、質問に答えなさい。答えは1・2・3・4から最もよいものを一つ選びなさい。

（1）

　昨夜、寝られなかったという方、心配いりません。寝られなくてもいいんです。人間というものは、寝よう寝ようと思えば思うほど目が冴えて (注1) しまうようにできています。ですから、眠れればよし (注2)、寝られなくてもいい、どっちでもいいと思うようにしてください。なかなか眠りにつけないときは、積極的に（寝られなくてよかった。寝られなかったからこそ、読書ができた）、（目が冴えて、友達への手紙が書けた）というふうに考えてください。そうしたプラス思考 (注3) の考え方が、寝るということにつながるのではないかと思っています。

（早川一光「老い方練習帳」による）

　（注1）目が冴える：頭や目などの働きが活発になる。

　（注2）よし：いい、問題はない。

　（注3）プラス思考：物事を良い方向に考えること。

24 筆者によると、どうしても寝られないとき、どうすればいいか。

　1　寝ようと思えば必ず寝られると考えて、眠くなるのを待つ。

　2　寝られないことは問題であるので、積極的に寝るように努力する。

　3　自然に眠くなるように読書したり手紙を書いたりして目を疲れさせる。

　4　気にしないで、寝られないことでいいこともあるのだと考えるようにする。

（2）

　日本の職場では最近、暑い夏にノーネクタイ (注1)、ノー上着で過ごそうという傾向が見られる。これは環境のことを考えて、服装で体感温度 (注2) を調節し、冷房に使う電気の量を減らすのが目的である。寒がりで冷房に悩まされてきた人たちにとっては、いい知らせだと言えるだろう。

　ところが、これでその人たちみんなが喜べるというわけでもないのだ。例えば、放送局の中を考えてみよう。放送に使われる機械は暑さに弱いものが多いため、冷房が必要となる。機械のためには、どんなに寒くても人間のほうが我慢するしかないのである。

　（注1）ノーネクタイ：ネクタイをしないこと。

　（注2）体感温度：体で感じる温度。

25 本文の内容と合っているものはどれか。

1 環境のことを考えて、放送局で働く人たちは電気の使用量を減らさなければならない。

2 冷房が強いと壊れる機械のことを考えて、放送局の人は暑さを我慢しなければならない。

3 環境を守るために、寒さに弱い人たちは服装で温度を調節して過ごさなければならない。

4 機械を守るために、放送局では冷房をつけて寒さを我慢しながら過ごさなければならない。

(3)

　メディア (注1) や大人たちは、みんなに夢を持たせようとする。そうなると、夢を語れない人は肩身が狭く (注2) なっていく。でも、僕はそういう空気はあまり好きではない。どうしてみんな、「夢を持て」と言うのか。冷静にしてくれるメッセージ (注3) があまりに少ない。

　僕は小学校の頃に読んだ本で印象的な内容のものがあった。「将来プロ野球の選手になりたい」という子供の疑問に対して、著者が冷静に答えているのである。

　「たしかに夢を持つのはいいけれど、プロ野球選手になれるのは同年代で100人もいないし、そのうち毎試合出ている人は10人から20人くらい。100万人の中で野球のうまい上位20人 (注4) になれますか。」

　　　　　　　　　　　　　　　　（山本直人『20代会社員の疑問　いま、働くこと』による）

(注1) メディア：新聞、テレビ、雑誌など。

(注2) 肩身が狭い：恥ずかしくて、その場にいづらい。

(注3) メッセージ：呼びかけ。

(注4) 上位20人：1位から20位までの20人。

26 筆者が読んだ本の内容に合っているものはどれか。

1 夢さえ持てば、だれでもプロ野球選手になれることを理解してほしい。

2 プロ野球選手程度の夢では、あまりに小さすぎるのではないか。

3 冷静になることによって、夢を持つのはよくないと気づくべきだ。

4 大きな夢を持つあまり、現実的な判断ができなくなってはいけない。

(4)

　不思議なことがある。

　見るからに勉強している、練習している受験生やスポーツ部員に比べ、それほど勉強しているように見えない、あるいは練習しているように見えない受験生やスポーツ部員

のほうが、より高度な試験に受かったり、活躍〔かつやく〕したりする。

　なぜ、そうなるのだろう。前者は勉強や練習を特別なことと位置づけているのではないか。後者は当たり前のこととして、日常生活の一環〔いっかん〕（注）として取り組んでいるのではないか。日常、肩に力を入れて暮らしている人はあまり活躍できない。

（国友隆一『帝国ホテル　王道のサービス』による）

　（注）一環〔いっかん〕：一部。

27 筆者によると、高度な試験に受かったり活躍〔かつやく〕したりする人はどんな人か。
1　常に全力で努力し、勉強や練習に必死になって取り組んでいる人。
2　高度な試験に合格するように、特別な勉強を日常的に取り入れている人。
3　勉強や練習を特別なこととは考えず、日常生活の中で普通に行っている人。
4　ほかの人から見ても、がんばっていると判断されるような生活を送っている人。

問題5　つぎの（1）と（2）の文章を読んで、質問に答えなさい。答えは1・2・3・4から最もよいものを一つ選びなさい。

（1）

　日本人に、日本語で話せばわかる、通じると思うも、もしかしたら幻想〔げんそう〕（注1）かもしれない。

　たとえば、「情けは人のためならず」という諺の意味。つねづね（注2）人に情けをかけ（注3）、親切にしていれば、自分が困ったときに誰かが助けてくれる。だからけっして他人のためじゃない、自分のためでもあるんだよというのが今までの解釈だった。しかしこの頃は違うのだそうだ。

　あんまり情けをかけると、それを当てにして（注4）怠け者になってしまう、だから情けはかけるな、ということなのだそうだ。

　この解釈があながち（注5）間違っているとは言えないのが、時代性というものだ。現代は食べるに困るというような人がいなくなってしまった。どうしても助けなければならないような人がいない。居るとすれば多くはその人自身の問題。怠けて働かなかったり、選り好み〔よりごの〕（注6）をしていて仕事をしていなかったり。そんな人に情けをかけたらたしかに甘える〔あまえる〕（注7）だけかもしれない。

　言葉の意味は時代を反映する。

（沖ななも「言葉の時代性」『出版ダイジェスト』2001年11月20日号による）

　（注1）幻想〔げんそう〕：現実にはないことを想像すること。
　（注2）つねづね：常に。
　（注3）情けをかける〔なさけをかける〕：相手のためを思って助ける。

（注4）当てにする：期待する。

（注5）あながち～ない：かならずしも～ない。

（注6）選り好み：好きなものだけを選ぶこと。

（注7）甘える：人の親切に頼る。

28 「情けは人のためならず」という諺の、現在の解釈に合っているのはどれか。

1 自分が困っているときは人に甘えた方がいい。人はみんな問題があり、助け合っていきているのだから。

2 困っている人を見たら助けてあげよう。自分が困ったときに誰かが助けてくれるかもしれないから。

3 困っている人を見ても助けない方がいい。その人が他人に頼って怠けるようになると困るから。

4 困っている人を見たら助けてあげよう。その人が後で必ず自分に親切にしてくれるから。

29 「情けは人のためならず」という諺の解釈が変わったのはなぜか。

1 怠けて働かない人が少なくなったから。

2 昔より人を助ける親切な人がふえたから。

3 日本人でも日本語が通じない人がふえたから。

4 昔のように助けを必要とする人はいなくなったから。

30 筆者の言いたいことはどれか。

1 言葉の解釈は時代とともにかわるようだ。

2 言葉の解釈はもともと使う人によって違うものだ。

3 古い時代のことばの意味が現代に正しく伝えられないのは残念だ。

4 現代は人々が豊かになって、情けの意味がわからなくなっている。

（2）

　国民の多くが、自分たちのいいように税金を使ってほしいと考えている。道路を作ってもらいたいとか、学校をたくさん作ってほしいとか、反対に何も作らなくていいから、その分税金を安くしてほしいとか、いろいろな意見がある。

　税金は国民が払ったものである。しかし、税金が自分たちの都合がいいように使われないと言って、①政府を批判するのはどうかと思われる。

　税金の使い道(注)は、必ずしも国民の思いどおりにはならない。ある国民にとって都合のよい使い道であっても、国全体から見るとそうでない場合があるからである。たとえば、税金を使って、ある県に高速道路を作ったと考えてみよう。その県の人々にとっては、高速道路が作られれば生活が便利になる。観光客も増える。（ ② ）、同じだけ

の税金を払っている他の遠くの県の人にとっては、その高速道路を使う機会は全くないだろう。

　このように、税金を全体にバランスよく使うことは難しい。したがって、国民は自分たちの直接の利益にならないといって、単純に政府を批判するべきではない。一方で、政府もできるだけ不公平が生じないように、十分気をつけて税金を使ってもらいたいものである。

　（注）使い道：お金などを使う方法、目的。

31　①「政府を批判するのはどうかと思われる」とあるが、筆者の考えに最も近いものはどれか。
　1　政府の決定に賛成だ。　　　　　　2　政府の決定に反対だ。
　3　政府批判に疑問がある。　　　　　4　政府批判と同様の意見だ。

32　（　②　）に入る最も適当な言葉はどれか。
　1　しかし　　　　2　それで　　　　3　したがって　　4　そのうえ

33　本文の要約として最も適当なものはどれか。
　1　税金が自分たちにとって都合よく使われるように、国民は政府を批判していくべきである。
　2　政府はいつも国民に平等に利益があるように税金を使っているので、批判されるべきではない。
　3　税金の使い道を決める時、政府は全体のバランスを重視しているので、不公平感が生じることは少ない。
　4　税金は全ての国民にとって直接利益になるわけではないが、政府ほそれを平等に使うよう努力をするべきである。

問題6　つぎの文章を読んで、質問に答えなさい。答えは1・2 ・3・4から最もよいものを一つ選びなさい。

　ハトを使って絵画を見わける実験をおこなってみよう。実験では10枚のピカソ（注1）の絵と10枚のモネ（注1）の絵をつかった。ハトは訓練用の小さな実験箱に入れられる。実験箱にはスクリーン（注2）があり、スライド・プロジェクター（注3）で絵が映しだされる。

　ピカソの絵が映されたときにスクリーンをつつけば餌があたえられ、モネの絵の時には餌がもらえない。また、別のハトは逆にモネの絵では餌をもらえ、ピカソの絵ではもらえないという訓練をうける。ハトはおよそ20日間程度の訓練で①この区別ができるようになる。ハトはモネの絵とピカソの絵がわかるようになったのだろうか。

これはハトがピカソとモネの区別ができるようになったからではなく、20枚の絵を丸暗記して (注4) おぼえただけのことかもしれない。実際ハトはこのくらいの数の意味のない図をまるごと (注5) おぼえる記憶力を持っている。（　②　）、ハトは訓練につかわなかった、初めて見る絵を見せられた場合でも、それがモネの絵であるかピカソの絵であるかを区別したのである。ハトは訓練のつかわれた特定の絵を丸暗記したのではなく、「ピカソ」の作品、「モネ」の作品という③作風の区別をおぼえたと考えられる。

(渡辺茂『ピカソをみわけるハト』日本放送出版協会による)

(注1) ピカソ、モネ：ヨーロッパの画家の名前。

(注2) スクリーン：スライドを大きく映す幕。

(注3) スライド・プロジェクター：スライドを映す機械。

(注4) 丸暗記する：全部そのまま記憶する。

(注5) まるごと：そのまま全部。

34 筆者は実験の使ったハトにどのように絵を見せたのか。

1　ピカソの絵を見せるハトとモネの絵を見せるハトとに分けた。

2　全部のハトにピカソとモネの両方の絵を見せた。

3　全部のハトにピカソの描いた絵だけを見せた。

4　全部のハトにモネの描いた絵だけを見せた。

35 ハトがどのようなことをした場合に、①「この区別ができる」と筆者は判断したのか。

1　餌がもらえる絵を見たとき、スクリーンをつついた場合。

2　餌がもらえない絵を見たとき、スクリーンをつついた場合。

3　ピカソとモネの絵を見ても、スクリーンをつつかなかった場合。

4　ピカソとモネの両方の絵を見たとき、スクリーンをつついた場合。

36 （　②　）に入る言葉は次のどれか。

1　それから　　　　　　　　　　2　もちろん

3　しかし　　　　　　　　　　　4　一方

37 ③「作風の区別をおぼえた」とあるが、どのようなことか。

1　始めてみた場合でも、ピカソとハトの絵がすぐおぼえられるようになった。

2　ピカソとモネの絵を10枚ずつおぼえて、その区別ができるようになった。

3　ピカソやモネの絵とほかの画家が描いた絵を区別できるようになった。

4　ピカソの絵の特徴とモネの絵の特徴が区別できるようになった。

問題7　次は「ロシアの音楽と楽器」のチラシである。これを読んで、下の質問に答え
　　　　なさい。答えは、1・2・3・4から最もよいものを一つ選びなさい。

みんなで体験！世界の音楽
ロシアの音楽と楽器

7月19日（火曜日·祝日）18：00－20：00

講師：小林健さん（ロシア民族館館長）

場所：中央広場2階

内容：演奏体験・楽器紹介

対象：高校生· 中学生· 小学生· そのほか

　　　（小学校2年生以下は保護者と一緒に参加してください）親子参加大歓迎

定員：50名

料金：1　材料金　　500円

　　　2　楽器展示室見学

　　　　学生100円、大人300円

申し込み：電話かメールでお願いする

---

38 どんなことをするか。

1　ロシアの楽器を演奏したり、楽器について勉強したりする。

2　ロシアの楽器を作ったり、演奏したりする。

3　ロシアの楽器を作ったり、買ったりする。

4　ロシアの楽器を買ったり、演奏したりする。

39 すべて参加するとしたら、お金はいくらかかるか。

1　小中学生は100円、高校生は100円、大人は300円。

2　小中学生は100円、高校生は300円、大人は500円。

3　小中学生は600円、高校生は800円、大人は800円。

4　小中学生は600円、高校生は600円、大人は800円。

精 解 专 栏
独家发布

問題4

24　正确答案是4。

気にしないで、寝られないことでいいこともあるのだと考えるようにする。（不要在意，睡不着的时候也许会有好事。）

该题目属于询问作者主张类问题，解答该类题型需要了解前后文之间的意思，从中找出正确答案。解答该题的关键句是：「なかなか眠りにつけないときは、積極的に（寝られなくてよかった。寝られなかったからこそ、読書ができた）、（目が冴えて、友達への手紙が書けた）というふうに考えてください。」该句子表明，睡不着的时候，请正面考虑，因为睡不着的时候可以看书，也可以给朋友写信。在选项中：1与文章内容不符；2与文章内容相反，文章认为睡不着也不是坏事；3文章内容的意思不是为了入睡而读书写信，而是因为睡不着才可以读书写信。

其他选项分别是
1　寝ようと思えば必ず寝られると考えて、眠くなるのを待つ。／认为如果想睡的话就一定能睡着，等到入睡。
2　寝られないことは問題であるので、積極的に寝るように努力する。／因为睡不着是个问题，所以努力睡觉。
3　自然に眠くなるように読書したり手紙を書いたりして目を疲れさせる。／为了自然入睡读读书写写信让眼睛疲劳。

25　正确答案是4。

機械を守るために、放送局では冷房をつけて寒さを我慢しながら過ごさなければならない。（为了保护机器，广电局使用冷气，员工必须忍受寒冷。）

该题目属于文章主张理解类问题。解答这类问题必须对全篇文章具有综合把握，本文中第一段说夏季职场可以不系领带不穿外套是为了节省使用冷气的电量，第二段又说广电局因为为了保护机器必须使用冷气，所以广电局工作的员工必须忍受冷气。在选项中：1的表述与文章内容不符；2与文章内容正相反，文章说为了保护机器广电局工作的人必须忍受冷气；3与文章内容相反，人们是因为想节省冷气的用电量才穿得少的，而不是依靠衣服调节体温。

其他选项分别是

1 環境のことを考えて、放送局で働く人たちは電気の使用量を減らさなければならない。/考虑到环境问题，广电局工作的人必须减少用电量。

2 冷房が強いと壊れる機械のことを考えて、放送局の人は暑さを我慢しなければならない。/考虑到冷气太强损坏机器，广电局的人必须忍受酷暑。

3 環境を守るために、寒さに弱い人たちは服装で温度を調節して過ごさなければならない。/为了保护环境，怕冷的人必须依靠衣服来调节体温。

26 正确答案是4。

大きな夢を持つあまり、現実的な判断ができなくなってはいけない。（有远大的理想就必须有现实的判断。）

该题目属于询问文章主题类问题。解答该题的关键句是：「どうしてみんな、『夢を持て』と言うのか。冷静にしてくれるメッセージがあまりに少ない。」从关键句可知，作者认为大家都说要有梦想，可是冷静考虑过能否实现的人很少。在选项中：1与文章内容不符；2也于文章内容不符；3不是文章的意思。

其他选项分别是

1 夢さえ持てば、だれでもプロ野球選手になれることを理解してほしい。/可以理解只要有梦想，谁都可以成为职业棒球运动员。

2 プロ野球選手程度の夢では、あまりに小さすぎるのではないか。/只是想成为职业棒球运动员这样的梦想，似乎太小了。

3 冷静になることによって、夢を持つのはよくないと気づくべきだ。/通过变得冷静，应该意识到持有梦想是不好的。

27 正确答案是3。

勉強や練習を特別なこととは考えず、日常生活の中で普通に行っている人。（不把学习啊练习当特别的事，就作为日常生活中正常的事来做的人。）

该题目属于重点理解类问题。解答该题的关键句是：「後者は当たり前のこととして、日常生活の一環として取り組んでいるのではないか。」从关键句可知，后者认为这是正常的事，只作为生活中一个环节。在选项中：1的内容与文章内容相反；2同选项1；4文章没有提及。

<table>
<tr><td>其他选项分别是</td><td>1</td><td>常に全力で努力し、勉強や練習に必死になって取り組んでいる人。/经常全力以赴，致力于学习和练习的人。</td></tr>
<tr><td></td><td>2</td><td>高度な試験に合格するように、特別な勉強を日常的に取り入れている人。/为了通过高难度的考试，在日常进行特殊学习的人。</td></tr>
<tr><td></td><td>4</td><td>ほかの人から見ても、がんばっていると判断されるような生活を送っている人。/从其他人眼中看，被认为很努力地生活的人。</td></tr>
</table>

問題5

28 正确答案是3。

困っている人を見ても助けない方がいい。その人が他人に頼って怠けるようになると困るから。（即使看到困难的人也不帮助为好。因为那个人依赖别人就会变得懒惰。）

该题目属于关键词理解类问题。解答该题的关键句是：「あんまり情けをかけると、それを当てにして怠け者になってしまう、だから情けはかけるな、ということなのだそうだ。」从关键句可知，太过于同情别人，让对方觉得可以依靠会变得懒惰，所以不要过分怜悯。在选项中：1文章没有提及自己遇到困难时候的做法；2是之前人们的想法，不是现在人们的观点；4和选项2相同，是之前人们的观点。

<table>
<tr><td>其他选项分别是</td><td>1</td><td>自分が困っているときは人に甘えた方がいい。人はみんな問題があり、助け合っていきているのだから。/自己遇到困难的时候依赖别人为好，因为人人都有困难的时候需要互相帮助。</td></tr>
<tr><td></td><td>2</td><td>困っている人を見たら助けてあげよう。自分が困ったときに誰かが助けてくれるかもしれないから。/看到遇到困难的人就要给予帮助。因为自己遇到困难的时候也有人会帮助你。</td></tr>
<tr><td></td><td>4</td><td>困っている人を見たら助けてあげよう。その人が後で必ず自分に親切にしてくれるから。/看到遇到困难的人就要给予帮助。因为那个人之后一定会对自己很好。</td></tr>
</table>

29 正确答案是4。

昔のように助けを必要とする人はいなくなったから。（因为像过去那样需要别人帮助的人变少了。）

　　该题目属于询问原因理由类问题，解答该类题型时一般从该关键词的前后句子中寻找正确答案。解答该题的关键句是：「現代は食べるに困るというような人がいなくなってしまった。どうしても助けなければならないような人がいない。」（现代吃不上饭的人变少了，没有无论如何都需要别人帮助的人了。）在选项中：1与文章意思相反；2文章没有提及此项；3与文章内容不相符。

其他选项分别是
1　怠けて働かない人が少なくなったから。/因为懒惰不工作的人变少了。
2　昔より人を助ける親切な人がふえたから。/因为与过去相比现在乐于助人的人增多了。
3　日本人でも日本語が通じない人がふえたから。/因为即使在日本人中，日语不精通的人也增多了。

30　正确答案是1。
　　言葉の解釈は時代とともにかわるようだ。（词语的解释也是随着时代变化的。）
　　该题目属于询问作者主张类问题。解答该题的关键句是：「言葉の意味は時代を反映する。」从关键句可知，词语的意思可以反映（不同的）时代。在选项中：2文章中没有说词语的意思由不同使用者决定；3文章没有提及此类情况；4的内容与文章所表达的内容不符，文章说现代人真正需要帮助的人变少了，而没说现代人不懂同情了。

其他选项分别是
2　言葉の解釈はもともと使う人によって違うものだ。/原本词语的解释根据使用者的不同而不同。
3　古い時代のことばの意味が現代に正しく伝えられないのは残念だ。/古代词语的意思在现代不能正确地传承是种遗憾。
4　現代は人々が豊かになって、情けの意味がわからなくなっている。/现代人生活富裕了，不懂得同情的意义了。

31　正确答案是3。
　　政府批判に疑問がある。（对批判政府的观点存在疑问。）
　　该题目属于就画线部分提问类问题。解答该题的关键句是：「したがって、国民は自分たちの直接の利益にならないといって、単純に政府を批判するべきではない。」从关键句可知，不应该说国民不能得到自己的直接利益，而单纯地批判政府。在选项中：1、2是对政府决定的赞成和反对，和文章所谈话题不符，文章主要是谈国民批判政府的问题；4与文章内容相反，作者不同意盲目地批判政府。

其他选项分别是　1　政府の決定に賛成だ。/赞成政府的决定。

2　政府の決定に反対だ。/反对政府的决定。

4　政府批判と同様の意見だ。/同意批判政府。

32　正确答案是1。

しかし（但是）。

该题目属于选接续词类问题，解答这类题需要看上下文句子所表达的意思，以及上下文的关系。上文提到：「その県の人々にとっては、高速道路が作られれば生活が便利になる。観光客も増える」，而下文说：「同じだけの税金を払っている他の遠くの県の人にとっては、その高速道路を使う機会は全くないだろう。」可以看出上下文是完全相反的意思表达，是逆接关系。所以不难选出正确选项是1。在选项中：2和3都是顺接，表示原因；4表示递进。

其他选项分别是　2　それで/因此

3　したがって/因此

4　そのうえ/并且

33　正确答案是4。

税金は全ての国民にとって直接利益になるわけではないが、政府ほそれを平等に使うよう努力をするべきである。（税金不能成为所有国民的直接利益，可是政府应该努力使其平等使用。）

该题目属于询问作者主张类问题。解答该题的关键句是：「一方で、政府もできるだけ不公平が生じないように、十分気をつけて税金を使ってもらいたいものである。」从关键句可知，作者认为政府为了避免产生不公平，应该尽力合理使用税金。在选项中：1与文章内容不符，文章没有主张批判政府；2文章只是说要政府努力做到这点，而不是已经做到了；3也是对政府的希望，而不是政府真正做到了。

其他选项分别是　1　税金が自分たちにとって都合よく使われるように、国民は政府を批判していくべきである。/为了让税金合理使用，国民应该批判政府。

2　政府はいつも国民に平等に利益があるように税金を使っているので、批判されるべきではない。/政府总是能合理使用税金，让国民利益得到平等，所以不应该遭到批判。

3　税金の使い道を決める時、政府は全体のバランスを重視しているので、不公平感が生じることは少ない。/选择税金用途的时候，因为政府重视全体的平衡，所以很少产生不公平。

問題6

34 正确答案是2。

全部のハトにピカソとモネの両方の絵を見せた。（给所有的鸽子都看毕加索和莫奈的画。）

该题目属于重点理解类问题。文章中的关键句是：「ハトを使って絵画を見わける実験をおこなってみよう。実験では10枚のピカソの絵と10枚のモネの絵をつかった。ハトは訓練用の小さな実験箱に入れられる。」通过关键句可以知道，这个实验是用全部的鸽子让他们分别看毕加索和莫奈的画。由此可以推断出正确答案。在选项中：1文章中没有说把鸽子分开；3比较片面，文章之意是两种画都给鸽子看；4比较片面，文章之意是两种画都给鸽子看。

其他选项分别是
1 ピカソの絵を見せるハトとモネの絵を見せるハトとに分けた。/把看毕加索画的鸽子和看莫奈画的鸽子分开。
3 全部のハトにピカソの描いた絵だけを見せた。/让全部的鸽子只看毕加索的画。
4 全部のハトにモネの描いた絵だけを見せた。/让全部的鸽子只看莫奈的画。

35 正确答案是1。

餌がもらえる絵を見たとき、スクリーンをつついた場合。（看到能得到食物的画时就啄屏幕的场合。）

该题目属于作者主张类问题。解答该题的关键句是：「ピカソの絵が映されたときにスクリーンをつつけば餌があたえられ、モネの絵の時には餌がもらえない。また、別のハトは逆にモネの絵では餌をもらえ、ピカソの絵ではもらえないという訓練をうける。」从关键句可以看出，本实验要训练鸽子记住可以吃到事物的画，看到了就啄屏幕，由此可以推断出正确答案。在选项中：2与文章内容相悖；3文中没有提及不啄屏幕的情况，所以与文章内容不符；4不是看到两者的画都啄屏幕。

其他选项分别是
2 餌がもらえない絵を見たとき、スクリーンをつついた場合。/看到不能吃到食物的画时，啄屏幕。
3 ピカソとモネの絵を見ても、スクリーンをつつかなかった場合。/即使看到毕加索和莫奈的画，也不啄屏幕。
4 ピカソとモネの両方の絵を見たとき、スクリーンをつついた場合。/毕加索和莫奈的画都看到的时候，啄屏幕。

36 正确答案是3。

しかし（但是）。

该题目属于填空类问题。解答该提的关键句是：「実際ハトはこのくらいの数の意味のない図をまるごとおぼえる記憶力を持っている。」「ハトは訓練につかわなかった、初めて見る絵を見せられた場合でも、それがモネの絵であるかピカソの絵であるかを区別したのである。」从关键句可以看出，前后文属于转折关系，前文说鸽子只是死记硬背下来这些画，后文说鸽子即使第一次见到的画也能区分出是莫奈的画还是毕加索的画，由此可以推断正确答案。在选项中：1表示并列；2表示理所当然；4表示对比。

其他选项分别是
1　それから/然后
2　もちろん/当然
4　一方/一方面

37 正确答案是4。

ピカソの絵の特徴とモネの絵の特徴が区別できるようになった。（可以区分出来毕加索和莫奈的画的特征。）

该题目属于重点理解类问题。解答该题的关键句是：「ハトは訓練につかわなかった、初めて見る絵を見せられた場合でも、それがモネの絵であるかピカソの絵であるかを区別したのである。」从关键句可以看出是让鸽子记住毕加索和莫奈的画的特征，从而区别他们的创作风格。由此可以推断出正确答案。在选项中：1第一次见到是不可能识别的，都是通过训练的；2主要是让鸽子记住两者画的特征；3文章中没有提到其他画家的画。

其他选项分别是
1　始めてみた場合でも、ピカソとハトの絵がすぐおぼえられるようになった。/即使是第一次见，也能马上记住毕加索和莫奈的画。
2　ピカソとモネの絵を10枚ずつおぼえて、その区別ができるようになった。/记住毕加索和莫奈的画各十张，并能区别出来。
3　ピカソやモネの絵とほかの画家が描いた絵を区別できるようになった。/能够区别毕加索、莫奈和其他画家的画。

問題7

38 正确答案是1。

ロシアの楽器を演奏したり、楽器について勉強したりする。（演奏俄罗斯乐器，并学习乐器相关知识。）

该题目属于信息检索类问题，解答该题的关键是看清体验的内容：「演奏体験・楽器紹介」（演奏体验和乐器介绍）。在选项中：2、3、4都提到了购买乐器，而文章没有涉及到购买乐器的内容，与文章内容不符。

其他选项分别是

> 2　ロシアの楽器を作ったり、演奏したりする。/制作并演奏俄罗斯乐器。
>
> 3　ロシアの楽器を作ったり、買ったりする。/制作并购买俄罗斯乐器。
>
> 4　ロシアの楽器を買ったり、演奏したりする。/购买并演奏俄罗斯乐器。

39　正确答案是4。

小中学生は600円、高校生は600円、大人は800円。（小学生600日元、高中生600日元、成人800日元。）

本题目属于信息检索类问题，解答该题需要掌握资费相关的内容，文中提到材料费是500日元，乐器展示厅参观费学生100日元，成人300日元。所以两项都参加的话，学生的费用合计600日元，成人的费用合计800日元。综上分析，其他选择都计算错误。

其他选项分别是

> 1　小中学生は100円、高校生は100円、大人は300円。/小学生100日元、高中生100日元、成人300日元。
>
> 2　小中学生は100円、高校生は300円、大人は500円。/小学生100日元、高中生300日元、成人500日元。
>
> 3　小中学生は600円、高校生は800円、大人は800円。/小学生600日元、高中生800日元、成人800日元。